憤怒療癒力

Overcoming Destructive Anger: Strategies That Work

每一次失控都隱藏著被忽略的傷痛，
透過三大覺察練習走出情緒黑洞，
和更好的自己相遇

伯納・高登 Bernard Golden——著
李斯毅——譯

國際媒體、專業心理學家精采評價！

這本珍貴著作集結了高登博士多年來在憤怒管理領域的研究成果，包括他與長期受憤怒問題困擾的個案互動之臨床經驗，以及他自身控制憤怒的心得。

——《圖書館雜誌》

《憤怒療癒力》成功以正念策略幫助讀者辨識、控制觸發憤怒的原因，並改變他們面對憤怒的方式。對於任何尋求相關資訊和應對策略的讀者而言，這本書都是易於理解與實踐的有用資源。

——凱瑟琳．崔納（哈佛醫學院心理學博士）

對於那些因「有害憤怒」而引發破壞性後果的人而言，這本精采著作宛如救生索，可幫助人們透過與自己建立良好關係，也培養與憤怒之間的良好關係。這本書充滿了睿智的洞見和同理心，協助讀者理解憤怒，與憤怒共處。

——克莉斯汀．聶夫（德州大學奧斯汀分校博士／作家／「自我慈悲」理論開創人）

在這本循序漸進的指南中，高登博士提供各類技巧的創新組合，改變產生有害憤怒的內心世界。這本書對於任何想卸下心防，與自己、與他人好好交朋友的讀者而言，是不可或缺的讀物。

——克里斯多夫．傑墨爾（哈佛醫學院博士／作家）

高登博士解釋了憤怒發展且持續的原因，以及為何「自我憎恨」是許多慢性憤怒問題的核心癥結。本書論述清晰，並提供極富價值的練習。這本書的焦點在於協助讀者培養「自我慈悲」，並且使用正念冥想克服他們的憤怒問題。

——朗諾．波特安弗隆（心理治療師／作家）

這本書宛如一股清流，對於一般民眾或專業醫護人士都有非常實用的價值，適合一般讀者或專家閱讀。本書寫作方式淺顯易懂，任何讀者都能夠從中獲益。高登博士幫助讀者理解自己處於「有害憤怒」的哪個階段，並協助讀者評估周遭情況、以發展切合現實的期望。作者以出色的方式進行討論，儘管這項議題在當今社會不少領域中仍屬禁忌話題，他仍敏銳地提出憤怒的形成結構，並指出如何善用其結構，以便有效地檢視憤怒。

——英國《Nursing Times》月刊

目錄

Part II

透過正念與自我慈悲克服有害的憤怒

Part III

只要改變憤怒反應，就能改善關係

推薦序

不跟自己對抗，有益的憤怒幫助我們強大

文／洪仲清（臨床心理師・作家）

「你其實一直都是你自己的家長，你是如何教養自己的？」

我在書中看到這段話的時候，非常高興，因為這是我常跟人提到的思考方式。成年之後，就要開始培養能力，能做自己的父母，把自己當成自己的孩子，去認識自己、接納自己、肯定自己、愛自己。

一行禪師說：「我們與其他人及這個世界握手言歡的能力，在相當程度上取決於我們與自己和好的能力。」

正念與自我慈悲，是認識自己、接納自己、肯定自己、愛自己的好方法。我們想要向外

走，跟世界建立關係，得要先向內看，同時一輩子認真探索。

《憤怒療癒力》這本書的作者，以憤怒這個基本情緒，作為認識自己的入門。事實上，這本書的適用範圍，其實可以擴展到其他情緒與心理困擾的領域。

當我們成了自己的父母，自然要面對我們自己的「內在小孩」。在這本書裡面，作者則是使用「兒童邏輯」這個概念，強調比較早年建立的認知與情緒反應。

「如果你一直以嚴格的態度對待自己，你可能已經對生活中的苦痛感到麻木。就像許多嚴格父母所管教出來的孩子，你在人際關係中可能會比較缺乏信任感，不僅會為自己設定不合理的目標，還會拿自己的成就與別人比較，忘了應該對自己的成就感到滿足。」

如果我們內在的父母，常用過高的標準，去要求我們的內在小孩。那麼，自我批判就是家常便飯，不安與挫敗，便會從內在而生。然後，我們對自己認識不清、覺察不明，這些由內而生的情緒，便容易投射在外，變成人際上的困難。

正念教我們暫緩批判，被動地觀察我們內在的狀態，那些流動的情感、那些快速閃現的想法……。讓憤怒在開始成形與強化之前，我們便能覺察，並且及時展開自我對話。

自我慈悲，則提醒我們試著接納自己，對我們自己仁慈。同理那個痛苦的自己，讓自己的心，成為我們最溫暖的家、最安穩的歸處。不迷失在短期的自我放縱裡，關注對自己長期有益的事物。

心理學家克里斯多夫・傑墨爾也說：「首先必須改變我們對別人的看法，然後才能真正改變我們與他們的關係。」

當我們願意接納自己、對自己慈悲，我們自然更熟悉如何接納對方，以及對對方慈悲。尤其是我們對人性有更充分的了解，面對苦痛、渴望、憤怒……我們已經經過良好的訓練。

書中提到的「自信溝通」也非常實用，可以用在親密關係，稍作調整之後，也能用在職場。透過這種溝通方式，我們比較不會讓憤怒引發尖銳的開場，也相對容易讓對方進行更具理性與建設性的思考，合作尋求和諧共好的可能。書中曾引用猶太教拉比哈洛德・庫什納的一句話：「壞事可能發生在好人身上，有時候好事也會發生在壞人身上。」

感謝這本書的及時出現，它正好在我正需要的時候，幫助了我。也真誠跟您分享，祝福您因此書感覺平靜與喜悅！

推薦序

在憤怒裡，有你的在乎

文／海苔熊（科普心理學作家）

回想一下，你最近一次生氣是什麼時候？那時候心裡面的感覺是什麼？無力、悲傷、憤恨、挫折、擔心、恐懼、害怕受傷、害怕被遺棄、感覺被背叛……或是上面這幾種感覺的總和？

發現了嗎？生氣經常是一種「次級情緒」（secondary emotions）[1]，當你跟別人說：「我現在很生氣！」這時，往往還夾雜了各式各樣不同的複雜情緒，有點像是「福袋」，要打開才知道裡面包了什麼東西。

但我們通常連碰都不敢碰，更別說打開它了！

不生氣，真的好嗎？

研究顯示，「憤怒」是普遍大家都會有的情緒[2]，很可惜的是，它相較於悲傷、難過等等負面情緒，更「不受歡迎」，因此很少有書籍願意好好地來談論它，尤其在華人的文化脈絡底下，以和為貴、以退為進、包容忍耐等等價值觀仍隱隱影響著我們，表達憤怒經常也是不被大家所允許的。但無論我們有沒有注意到、有沒有表達出來，它都存在於我們的生活中。

一些研究指出，如果你長期不當表達自己的感受（過度壓抑或極端爆發），除可能會產生憂鬱、焦慮等心理困擾之外，罹患心血管疾病[3]跟癌症[4]的機率也會提升。簡單說，如果我們無法好好跟憤怒這個情緒相處、長期忽視它，那麼它就會用心理或身體的疾病來報應給你看！

如何和憤怒做朋友

我很喜歡的一位諮商前輩金樹人老師曾說過一個有趣的故事：有一個年輕人來找老師，說他在操場上跌倒擦傷之後覺得自己「快要死了」，因為操場上的細菌入侵他的身體（這其實是一種強迫性思考），希望老師能救救他！其他人都覺得他很荒謬，金老師在同理了他的狀況之後，開了一個有趣的方子：下次這種「快要死了」的感覺來的時候，不妨想像它是你的客人或朋友，泡個茶給它喝，它來的時候跟他說「歡迎光臨」，它走的時候跟它說「下次再見」。有趣的是，當這個年輕人開始接納、歡迎這個感覺出現之後，這個感覺來造訪他的次數反而愈來愈少了。

這有點類似心理治療上面的「矛盾意象法」（Paradoxical Interventions），嘗試做一些和過去完全相反、不同的事情，或許有可能會產生一些改變，而改變的第一步，往往來自於「接納現狀」。當然，要忍耐不舒服的感覺，甚至和這種感覺一同坐在客廳裡泡茶，並不是一件容易的事情，往往需要和治療師建立長期的信任關係，才能慢慢改變。

其實不只是強迫性思考，憤怒也是一樣的。《憤怒療癒力》這本書也是先從接納自己有憤怒的情緒開始，然後逐步培養自己和憤怒一起坐在客廳的能力。儘管，你不一定有機會遇到像金老師這樣的智者，但你仍然有可能透過書裡面的四個步驟，和憤怒和好：

- 辨認與覺察不同形式的憤怒
- 正念（mindfulness）[5]

- 自我慈悲（self compassion）[6]
- 憤怒日誌書寫（daily anger diary）[7]

這幾個步驟都是當前情緒調節心理學研究當中，已獲證實相當有效的方法，本書不但提供了許多實用的例子，而且每個章節都有「進一步練習」和「進一步思考」，一步步調整你的「易怒體質」。

最後我想說，**憤怒在哪裡，你在意的事情就在那裡**。

所有的情緒都有它的功能，而憤怒其中一個重要功能是，像手電筒一樣照出你的黑暗、脆弱，或者你最在意的事情。當我們能夠看見憤怒，或許就能夠看見自己最深最深的在乎。

注解

1 Greenberg, L. S., & Safran, J. D. (1987). *Emotions in psychotherapy: Affect, cognition, and the process of change*: New York: Guilford Press.

2 Ekman, P. (1992). An argument for basic emotions. *Cognition & Emotion*, 6(3-4), 169-200.

3 Denollet, J., & Pedersen, S. S. (2009). *Anger, depression, and anxiety in cardiac patients: the complexity of individual differences in psychological risk.* J Am Coll Cardiol, 53(11), 947-949. doi: 10.1016/j.jacc.2008.12.006

4 Greer, S., & Morris, T. (1975). Psychological attributes of women who develop breast cancer: a controlled study. *Journal of Psychosomatic Research*, 19(2), 147-153.

5 Wright, S., Day, A., & Howells, K. (2009). *Mindfulness and the treatment of anger problems. Aggression and violent behavior*, 14(5), 396-401.

6 Leary, M. R., Tate, E. B., Adams, C. E., Allen, A. B., & Hancock, J. (2007). *Self-compassion and reactions to unpleasant self-relevant events: the implications of treating oneself kindly*. J Pers Soc Psychol, 92(5), 887-904. doi: 10.1037/0022-3514.92.5.887

7 Pennebaker, J. W. (1997). Writing about emotional experiences as a therapeutic process. *Psychological Science*, 8(3), 162-166.

前言
憤怒情緒看似棘手，但你不必向它屈服

憤怒是一種令人費神且難以理解的情緒。有害的憤怒，尤其是引發暴力行為的「有害憤怒」，會明顯造成人際關係的緊繃。既然你已經拿起這本書，就表示你非常清楚有害的憤怒可能造成多大的影響。你可能將自己的壞脾氣歸咎於你與家人、伴侶、朋友之間關係不佳，你動不動就大發雷霆的個性或許已經影響工作表現，甚至害你丟飯碗，你的火爆脾氣或許讓你的孩子不願與你親近。無論你碰上哪種情況，面對憤怒最難的挑戰，就是**不向憤怒屈服**。

很少人知道如何以建設性的方法面對憤怒，因此人們經常覺得憤怒是個棘手問題。無論你目前如何處理憤怒，本書將教你對症下藥的方法，並解答你一直想不通的問題。我提供多種有效方法，幫助你克服下列各種憤怒：

- 過於激烈的憤怒
- 頻繁發生的憤怒
- 長期持續的憤怒
- 難以擺脫的憤怒

本書將訓練你辨識並掌控觸發憤怒的因素，協助你克服「有害的憤怒」，還能讓你定期練習「有益的憤怒」。你可以學到如何減少發怒，找出哪些未被滿足的需求與渴望導致你發怒，同時還能學到如何與他人重建連結，以便滿足那些需求與渴望。

成年之後，我一直對「憤怒」這項議題深感興趣，其中一部分的理由是因為我在孩童時期深受憤怒情緒所苦，但我很幸運，我的憤怒從未對任何人造成嚴重傷害。儘管如此，我還是多次發現自己的易怒很可能會傷到別人，或造成他人痛苦。

八歲那年，有一次我和哥哥吵架，當時我們住在一棟四層樓公寓的二樓，那天只有我倆在家。他先是一直捉弄我，結果我們打了起來，他跨坐在我胸前，把我的手壓在地板上，讓我無法動彈。我沒有力氣掙脫，只好放聲大叫。坦白說，我原本是打算驚動鄰居，讓他心生羞愧。然而在掙扎與大叫幾分鐘之後，我決定放棄，喊了一聲「我認輸」，他才願意放開我。

當時我也許表面平靜，但其實內心氣炸了。我轉身慢慢走開，接著突然拿起一隻沉甸甸的鞋子，往哥哥頭上扔去。他敏捷地躲過我的攻擊，但鞋子繼續往前飛，打破客廳的窗戶，直接掉到樓下，破碎的窗玻璃當然也一起往下掉。

我記得自己當下感到無比羞愧，因為我打破了玻璃，弄壞了百葉窗，而且我非常擔心玻璃碎片會掉到樓下的路人身上，被打破的那扇窗就位於我們公寓的大門正上方。我心驚膽顫地從另一扇窗往外看，擔憂樓下會有人因我的盛怒而受傷，但幸好當時沒有人進出公寓的大門。

這只是諸多事件當中的一個例子，讓我認清原來自己無法控制憤怒這種情緒，而且從「感覺不開心」轉變成「盛怒」的過程是多麼迅速。幸好，我是一個懂得反思的人，或許這種特質正是我後來成為心理治療師的某種徵兆。

從此以後，我決定一定要善加控制自己的憤怒，但事實上，我往往只懂得壓抑或忽視怒氣，覺得自己不該感覺到憤怒，或是將之表現出來。結果，我的怒意反而經常加劇，讓我最後忍不住開口罵人，或者將怒氣發洩在下一個惹我生氣的人或事情上。

過了幾年，我長大成人，在南布朗克斯的某間小學教書。我在該校任教六年期間，除了研究自己的憤怒之外，也開始了解孩童的憤怒情緒。我先取得心理學碩士學位，接著辭職返回大學攻讀博士學位。之後的幾年，我在一間精神科醫院工作，還舉辦研討會協助病人理解並控制憤怒。這些經歷幫助我研究出這本書裡提出的方法。

一九八〇年代期間，我一邊協助門診病患與住院病患，一邊為學校、家長、企業舉辦憤怒管理研討會。一九九四年起，我開始每月推出憤怒管理課程，也在我的私人診所提供個人諮詢和心理治療，協助個案練習有益的憤怒。

我曾在二〇〇三年出版《有益的憤怒：幫助孩童與青少年面對憤怒》（*Healthy Anger: How to Help Children and Teens Manage Their Anger*）一書，現在，這本《憤怒療癒力》不僅適合各年齡層的讀者，更提供最新的憤怒應對方法。本書分享的案例，能讓讀者學到發怒的原因，以及如何將本書概念實地運用在憤怒管理上。這些案例都取材自我的客戶，為維護隱私，細節全更動過。每一章結尾都安排可讓讀者加強練習的題目，以提升讀者的自我覺察能力，進一步培養有益的憤怒。

無論你感受到的憤怒是「微慍」或「震怒」，在本書中，你都可以學到有效應對各種憤怒的態度與技巧，而且在短時間內，你就可以感受到明顯的進展。但如果要達到真正有意義的改變，仍有賴長時間投入與無比的耐心，還要容忍一定程度的挫折。我們在學習任何新事物時，一定會感到緊張和不適，每一個人都必須克服這一點。《憤怒療癒力》可以幫助你做到。感謝你閱讀這本書，也希望你能挑戰成功！

我非常感激每一位讓這本書得以順利出版的朋友。要成就任何形式的事業，都必須倚靠團隊合作的力量才能完成，這本書也不例外。

我要再次向南西・羅森菲爾德（Nancy Rosenfeld）表達最深的謝意。南西是我的朋友、經紀人，也是我第一本書的其中一位共同作者（另一位共同作者為簡・佛西〔Jan Fawcett〕）。每當我有需要時，南西總會給予我支持、回饋、靈感，以及溫柔而穩定的鼓勵。

我也很感激約翰霍普金斯大學出版社的執行編輯賈桂琳・威慕勒（Jacqueline Wehmueller），謝謝她一直以來的鼓勵和支持。賈桂琳會提出問題與讀後感想，協助我重新調整方向，清楚表達想法。我還要感謝幫忙完成這個計畫的編輯群，包括琳達・斯特蘭奇（Linda Strange）、溫蒂・勞倫斯（Wendy Lawrence）、東妮雅・伍德沃思（Tonya Woodworth），多虧她們提供寶貴意見，這本書的內容才得以提升。她們的建議也讓我精進寫作技巧，讓我終於明白「少即是精」的道理。另外，我十分感謝編輯寇特妮・龐德（Courtney Bond）指導我將自己的手稿轉變成為這本書。

我特別感謝派翠西亞・羅賓博士（Dr. Patricia Robin），謝謝她耐心讀完整篇手稿，提供清楚且誠懇的見解，協助我進一步擴充、釐清思緒。我還要感謝和我辦公室的同事們，他們一直支持著我。

我深信每一位心理治療師都應該不斷學習，因此我想特別感謝多位相關領域的研究人員及從業人員，他們的專業成就不僅有助於我的工作，也讓我在撰寫這本書的時候獲得莫大助益。

當然，還得感謝我多位客戶，謝謝他們與我分享自己的生活經歷。

Part I

憤怒：一種必要卻往往充滿破壞力的情緒

梅莉兒覺得控制不住自己，也沒辦法控制女兒。透過本書介紹的方法，梅莉兒才意識到自己內心更深層的煎熬，是每當她女兒頂嘴時，都會令她感到自己能力不足且一無是處……她發現女兒的行為會激起她內心的無力感，而她母親從前也常常讓她有同樣感受。在閱讀本書的過程中，你會發現無論最近發生的事，或者陳年創傷，只要是尚未被放下的苦痛，都可能會導致當下的強烈憤怒。

第一章
認識「有害的憤怒」與「有益的憤怒」

憤怒有其目的，就像其他情緒一樣。好比嬰兒肚子餓或想討抱的時候會哭鬧，孩童或成年人在遭遇不開心的事情時，多半會感到憤怒。嬰兒的哭鬧是一種尋求協助的國際語言，表示：「我需要幫助！」

憤怒也是表達自己需要他人幫助的一種方式。雖然你不理解或尚未意識到自己的需求，但你確實渴望從痛苦中得到解放。就像嬰兒的哭鬧，一旦你感覺不快樂，憤怒是立即反應，希望藉此獲得別人的慈悲、理解、善待與關懷。然而，你和嬰兒不同，因為你可以學習如何辨識憤怒，並加以表達，你也明白哪些需求與渴望會使你發怒。更棒的是，你還可以學會一些技巧，將「有害的憤怒」變成「有益的憤怒」。

一種令你不舒服的身心體驗

當你感到某人或某事可能危害你重要的需求或渴望，就會產生憤怒的情緒。倘若你認為自己的身心舒適狀態、可用資源，或深愛之人遭受威脅，你會防禦性地將注意力聚焦在讓你生氣的人事物上，試圖除去那些真實存在或只是出於想像的威脅。

事實上，憤怒其實完全由身心體驗組成，這種緊繃的身心體驗，建構於憤怒的**感受**、**思緒**及**身體感知**三者的交互作用。為了釋放這種緊繃感，你可能會在衝動之下失控思考或魯莽行動，然後在事後回想：「我覺得我快爆炸了！」「真是氣死了！」「我非得做點什麼事情才能紓壓。」憤怒是一種明顯又自然的情緒，通常出於直覺，以便讓你從其他更不舒服的感受中逃開。這些讓你更不舒服的感受包括：

- 羞愧
- 內疚
- 焦慮
- 挫折
- 感覺受排斥

- 恐懼
- 受傷
- 感覺不足
- 感覺遭遺棄
- 感覺遭背叛

你在什麼情況下應該特別注意自己的憤怒？

有害的憤怒可能會導致你的工作表現欠佳、職涯停滯不前、與他人發生衝突、與社會日漸疏離、沉迷酒精毒品、意志抑鬱消沉、過度內疚羞愧，甚至失去自由。由於憤怒的加速與強化，以及動怒頻率增高和持續時間延長，你可能會愈來愈無法掌控自己的憤怒情緒。以下七項指標將能幫助你檢視自己的憤怒是否已經失控：

1. 你的憤怒規模等級會急速加劇，例如在短短幾秒鐘之內從零變成一百。
2. 其他人通常以「性格急躁」來形容你的個性。
3. 你一天當中會動怒多次，也許微慍，也許震怒。

4. 你動不動就突然變得暴躁。
5. 你持續表現出不友善的態度。
6. 你經常因為人際關係、職場工作及日常小事發脾氣。
7. 你不善放掉憤怒的情緒，要花好長時間才能消氣。

憤怒有哪幾種？認識憤怒的種類

在你開始進行自我檢視之前，請先釐清幾個和憤怒有關的用語，這對你會有所幫助。

憤怒是一種自然的情緒，讓你身心感覺不舒服。憤怒可以激勵我們正視自己的需求與渴望，或者協助我們感知各種威脅。

攻擊性包含因憤怒而表現出意圖傷害他人的行為，也許透過肢體動作，也許透過言語辱罵。攻擊性可說是將憤怒情緒「表現出來」，或「展露於外」。

敵意是指一種更長期且更浮動的憤怒，通常伴隨著惡意、不信任感、憤世嫉俗、嘲諷，以及在發現或遭遇不公平待遇之後所萌生的高度警覺心。

震怒是程度最激烈的憤怒。人在震怒的情況下可能會失去理智，並且忘記自己的行為具有毀滅性。

憤慨一般指人們緊抓不放的憤怒，其中參雜其他負面情緒與感受。如果忽略憤慨的情緒，對世界的看法會變得愈來愈狹隘，我們也會愈來愈容易受憤怒控制。

憤怒的表達

人們通常會以下列可預期的方式表達憤怒，包括**攻擊性憤怒**、**消極的攻擊性憤怒**、**沉默式憤怒**、**否認式憤怒**，以及**自我導向式憤怒**。

攻擊性憤怒

- 是最嚴重且最有問題的憤怒。
- 發生時通常明顯可見。
- 包括具威脅性、令人反感、傷害他人的話語，以及肢體衝突、破壞物品等行為。
- 可能會使當事人在有違他人意志的情況下控制他人，並通常會以大聲、威嚇的方式使人產生恐懼。
- 當事人通常會對他人施以某種形式的暴力行為。
- 可能會因暴力行為需要法律介入。

消極的攻擊式憤怒

- 不容易察覺。
- 通常會因為「未做到」而為他人或自己帶來麻煩（例如忘了替另一半跑腿，或是在會議前沒有準備周全而連累同事）。
- 經常意圖傷害、激怒或貶損他人。
- 人們面對這種憤怒時，經常拒絕正視它。

沉默式憤怒

- 可能使當事人拒絕討論任何問題。
- 當事人可能自認這是一種「沉默治療法」，因此讓這種憤怒持續數小時、數天、數星期、數月，甚至數年。
- 如果他人想討論問題的癥結，可能反而會讓情況惡化。

否認式憤怒

- 否認或壓抑憤怒的情緒。

- 否認通常是因為擔心情緒失控、遭到拒絕、承受處罰，或顧慮憤怒浮上檯面後無法收拾。

自我導向式憤怒

- 通常伴隨前項的「否認式憤怒」。
- 會馬上將憤怒情緒指向自己而非他人。
- 會讓當事人對於滿足自身需求或渴望這件事，容易感覺無力而悲觀。
- 會迅速產生過度的自我批判，甚至自我懲罰。
- 通常伴隨抑鬱的情緒。

應對憤怒的習慣從何而來

一個人處理自己憤怒情緒的方式，與經年累月的習慣有關。這些習慣來自思緒、感受與身體反應的交互作用。發怒的速度、導致發怒的情境，以及如何回應憤怒等等，都反映不同根源的習慣模式。就像一個人人格的各個面向一樣，這些習慣可能是與生俱來，也可能是後天養成，也就是說，有一些是因為基因的組成，有一些是因為人生的歷練。先天與後天的習慣結合之後，將影響大腦神經元的傳輸。

生物學傾向：基因決定你的憤怒特質

根據研究顯示，每個人獨特的基因組合，可能會影響憤怒情緒形成的速度[1,2,3]。你只需要在嬰兒面前揮揮手，就能輕易觀察出這種差異：有些嬰兒會馬上皺眉哭泣，或者擺動雙手雙腿，有些嬰兒則不為所動，幾乎沒有任何反應。

脾氣好壞與基因組合有關，基因組合能決定你的個性是隨和、包容、難搞、暴躁、活潑、遲鈍或謹慎[4,5]。這些特質在你人生早期就會表現出來，並影響你是否容易激動。這個領域的學者通常主要研究荷爾蒙、生物酶及神經傳遞介質在人們動怒時扮演的角色[6,7]。

依附模式：不同依附模式與面對情緒方式的關係

小時候，你的照顧者如何滿足你的需求，會對你長大後的情緒管理能力有重大影響。發展心理學家瑪莉·安沃斯（Mary D. Salter Ainsworth）曾經針對家長與孩童之間的依附關係進行多項前期研究[8]。在研究中，她先讓孩童與家長進入一間擺滿玩具的房間，然後再由專人觀察「家長在不在房間內，孩童有什麼不一樣的反應」。

安沃斯發現，有些孩子屬於**安全依附型**（secure attachment）。安全依附的孩子與母親分開之後會表現出緊張的情緒，但等到母親返回房間，這些孩子又會開始感覺自在且有安全感，放心地從母親身旁跑開，開始探索房間裡的各種玩具。

有些孩子屬於**不安逃避依附型**（insecure-avoidant attachment）。他們只忙著玩房間裡的玩具，不在乎母親何時離開、何時返回。安沃斯將第三類的孩子歸類為**不安矛盾依附型**（insecure-ambivalent attachment）。這類孩童在母親離開房間時顯得非常難過，就算母親稍後返回房間，他們的痛苦情緒仍無法得到舒緩，會表現出憤怒或其他負面情緒。後人再以**不安混亂依附型**（insecure-disorganized attachment）為三種模式以外的孩童歸類[9]。這類孩童有時會很黏母親，有時又不喜歡與母親在一起。也許是因為他們意識到，母親不在的時候，他們雖然可以自由自在，卻也可能面臨潛在的危險。

安沃斯做了一項結論：假如家長在孩童發育初期以適當、即時、穩定的方式滿足孩童的需求，孩童就能與家長之間發展出具有安全感的連結[10]。這一類孩童會較有自信，並且感受到關懷，個性會比較可愛，也比較懂得自我肯定。相較之下，如果家長對孩童的照顧不夠穩定，有時適時滿足孩童需求，有時又冷落他們，孩童會對家長產生不安全感。在這種情況下，孩童在依附傾向的表現上會有較大的焦慮感。

其他學者也進一步研究這些人生早期形成的依附模式，如何影響安全感及成年後人際關係的信任感[11]。這些研究將成年人對愛情的依附關係分為**(1)安全依附型**（secure）：對自己和伴侶皆抱著正面觀感。**(2)焦慮依附型**（preoccupied）：對自己持負面觀感，對伴侶則持正面觀感。**(3)害怕逃避依附型**（fearful avoidant）：對自己與伴侶皆抱著負面觀感。**(4)忽略逃避依附型**（dismissive-avoidant）：對自己持有正面觀感，對伴侶持有負面觀感[12]。抑鬱症患者在焦慮及逃避模式中可能會有更頻繁、更劇烈的憤怒[13]。一般而言，這類模式會強烈影響引爆憤怒的形式，尤其是在親密關係中。

後天學習：如何從他人身上模仿面對憤怒的方式？

在成長過程中，我們可以從各式各樣的管道學到如何管理憤怒與情緒，例如：

- 媒體（電視、廣播、書籍、雜誌、電影、音樂、電動玩具、網路）
- 父母
- 兄弟姊妹
- 同儕
- 神職人員
- 老師、親戚或其他成年人

我們通常透過直接與間接的方式吸收到這些資訊。「直接訊息」是以具體的期望和規範告訴你如何管理自己的憤怒。比方說，你生氣的時候，你的父母會要求你不可以大吼大叫，這就是「直接訊息」。他們可能會因為你和朋友或兄弟姊妹吵架而斥責你，或是要你反擊那些出手打你的人。他們也可能會提醒你最好平靜表達自己的怒意，不可以打人或罵人。

另一方面，你也可以透過「間接訊息」，也就是藉著觀察別人來學會控制自己的行為。舉例來說，如果你的父親對你的母親大吼大叫，他不僅為你示範了處理憤怒情緒的方式，也示範了男性對待女性的方式。你的母親是否因此退縮、哭泣、回嘴，也都將為你示範一種處理憤怒情緒的方法。同樣的，你的手足如何面對情緒，也會影響你因應憤怒的態度。

你還可以從別人對你發怒的經驗來學習。假如有人向你大吼大叫，或是動手打你，就等於直接表達了他們處理憤怒的方式。這種行為對你而言屬於「間接訊息」，因為他們並不是直接和你討論你的憤怒情緒。儘管如此，對方朝你發怒的行為，還是會對你造成強大且持久的影響。並不是對方的責罵或動手在你身心留下傷痕，而是這種行為會傳遞一種「侵略他人身心就是展現權勢」的訊息，這會讓孩童缺乏進一步思考或認識自己情緒的機會。

我遇過許多客戶都刻意忽略這些行為對他們的影響。他們經常淡化自己的挫折與苦惱，以便保護自己，不受憤怒與無助的影響。

家長是否願意在你小時候遭遇挫折時傾聽並認同你的煩惱，也會影響你處理憤怒。舉例來說，如果你在表達痛苦時不被父親認同，或者你父親認為「感覺痛苦是羞恥的事」，這種經驗就會影響你未來的情緒感知能力。

如果你是男性，你的家長可能會鼓勵你「必須要有男孩樣」，但這種教育方式可能暗示男性不可表現出焦慮、憤怒或自我懷疑[14]。諷刺的是，如果你遵從這種「必須要有男孩樣」的規定，可能就會為了逃避羞愧感而產生「有害憤怒」（請參考第九章）。

如果你有一個姊姊，她對你的挫折苦惱毫不在意，這種情況會讓你間接意識到，似乎不應該倚賴別人來舒緩自己的苦痛。不幸的是，這也會導致你感到沮喪和疏離，進而產生憤怒感。

許多直接訊息和間接訊息之間彼此並不一致。有些人深信所有憤怒情緒都是有害的，因此應該避免發怒。有些人認為，只要我們不把憤怒表現出來，就算動怒也無傷大雅。還有人覺得，我們應該盡情宣洩怒意，因為讓自己開心最重要，即便影響他人也無妨。我們可以發現大家對於如何處理憤怒，學到的是不同的觀念，而且彼此的觀念可能相互矛盾。

腦科學：學習運用你的「新大腦」！

近年來，神經科學家使用「功能性磁振造影技術」來探索人類大腦與產生憤怒情緒的關聯[15][16]。功能性磁振造影技術與核磁共振成像不同，是藉著測量血液流動及血氧濃度，形成大腦功能圖像。心理學家艾倫・修爾（Allan Schore）及一些學者將研究領域鎖定在母親與嬰兒之間的關係，探討雙方的互動對嬰兒的大腦帶來什麼影響。修爾將依附理論重新定義為**調節理論**（regulation theory）[17]，認為我們大腦中負責控管情緒的系統發展，取決於母親在我們幼兒時期與我們如何互動。母親可留意孩子的亢奮情緒，協助控制興奮時的激烈程度，來助長孩子的大腦發育。孩童發育初期的互動經驗，將會影響未來對威脅和負面情緒的反應。

修爾的研究更進一步強調**杏仁核**的作用。杏仁核位於大腦深處，外觀有如杏仁。杏仁核和**下視丘**、**中腦導水管周圍灰質**組成一種經常被稱為「防禦系統」的神經系統。這個系統「最主要」或「最古老」的功能，就是控制恐懼、憤怒與歡愉等各種情緒的產生。

杏仁核先向下視丘發出刺激，啟動交感神經，讓你產生「打或逃」反應（**fight-or-flight**）。大腦的這個部分可以保存你的情緒回憶。相對的，你的**前額葉皮質**（通常也稱為「新大腦」）則負責高層級的推論與判斷。前額葉皮質會處理各種資訊，以確認是否需要採取行動，並控制你對威脅做出衝動性反應。如本書所介紹的，這些系統會大大影響你對憤怒的感覺，決定你的憤怒情緒如何產生。本書每項練習都能幫助你在面對真實或想像的威脅時，更積極使用你的「新大腦」，也就是你的判斷能力。

請記得，你的態度與你現在學到有關憤怒的一切，都會嵌入你的大腦神經通路[18]。當你多次以同樣方式發怒時，這些通路的神經元會產生強烈的連結，形成「習慣」。事實上，根據神經科學家，人們**可以重新教育自己的大腦**，因此，培養新思維、練習新的反應方式，都可以讓神經細胞及其他神經元形成新的連結，為你的大腦創造新模式與新習慣，並加以強化。這個概念叫做**神經可塑性**（neuroplasticity），也是這本書的理論基礎[19]。所以，無論你從前習慣怎麼做，現在，你都還是可以隨時改變處理憤怒情緒的方式。

憤怒是什麼樣子？

藉由以下幾個例子，我們可以看出憤怒能夠幫助人們從備受威脅的感覺中移轉注意力，也可以看見伴隨憤怒而生的負面情緒，以及究竟是什麼讓人們回應憤怒。

二十九歲的傑瑞是一位電腦程式顧問，他來參加我的憤怒管理課程時，分享了他來上課的原因：

> 我太常因為發怒而行為失控，所以老闆叫我來參加這個課程。我知道自己在工作時經常發飆，對同事大吼大叫，還經常對客戶語帶嘲諷，有時候我真的會放肆地揶揄客戶。當然，事後我會向他們道歉，但是對他們而言，道歉往往來得太遲了。現在我真的很擔心自己會丟了飯碗。

梅莉兒有兩個孩子，她因為經常辱罵並貶抑自己的三歲女兒而深感愧疚。她的經驗如下：

我很怕自己會動手打女兒雪莉，也很怕自己會變得像我媽那樣。我曾經發誓，絕對不要變得像她一樣，但我就是沒有辦法控制自己。雪莉的個性倔強，經常不聽我的話。她真的太固執了，所以我才會被她氣得情緒失控。不過，起碼我知道自己應該向專業人士求助。

布萊特現年三十一歲，脾氣暴躁的問題一直嚴重影響他的生活，可是他一直遲遲不肯尋求協助。他對我說：

我的憤怒阻礙我的伴侶關係。過去的感情經驗中，只有一次是我提分手，另外三次都是我的女朋友對我忍無可忍，因此離我而去。我沒有打過她們，但好幾次我都差點失控動手，只好改以摔東西的方式發洩情緒，我會把檯燈和玻璃杯摔到地上和牆上。我真的很愛我的現任女友，我不想失去她。我希望現在做點改變還不算太遲。

傑瑞擔心自己亂發脾氣會丟掉工作。每當他的客戶問他問題，他就會馬上變得焦躁不安，產生強烈的焦慮感與不舒服的情緒。於是他對外發洩怒氣，以免這些不愉快的感覺困擾自己。透過自我探索的方式，傑瑞終於確認自己發怒的理由確實是因為情緒困擾。

梅莉兒對於自己的憤怒感到非常內疚。她覺得控制不住自己，也沒辦法控制女兒。透過本書介紹的方法，梅莉兒才意識到自己內心更深層的煎熬，是每當她女兒頂嘴時，都會令她感到自己能力不足且一無是處，因而產生怒意。她發現女兒的行為會激起她內心的無力感，而她母親從前也常常讓她有同樣感受。在閱讀本書的過程中，你會發現無論最近發生的事，或者陳年創傷，只要是尚未被放下的苦痛，都可能會導致當下的強烈憤怒。

有些人一輩子抱著敵對的態度，這種情緒會在各種人際關係中爆發出來。以布萊特為例，他因為害怕失去女友而決心求助，他明白過往的經歷讓他不容易相信別人。布萊特的父親在他六歲那年過世，十二歲的時候，他母親已經改嫁又離婚兩次。他對環境的變化敏感且不安，他之所以在伴侶關係中表現強勢，是因為害怕再次受到傷害或遭到拋棄。他以霸道和憤怒來操控自己的人生，以及他生命中最親密的人。

傑瑞、梅莉兒和布萊特在經過自我探索之後都已經更認識自己，也更了解自己的憤怒。他們沒有因此刻意改變生活習慣，但是都在憤怒來襲時採取了具建設性的重要步驟。他們領悟到，過往的苦痛會讓他們對威脅與憤怒變得更敏感，最後，也學會了如何以堅定自信的態度與他人互動，有效滿足自己的核心欲望。他們選擇以全新方法來減少對憤怒的反應，而這樣的新習慣就是一種「有益的憤怒」。

有益的憤怒：憤怒怎麼會是有益的？

你第一個問題可能會是「憤怒怎麼會是有益的」？在進一步討論之前，我想先定義何謂「有益的憤怒」：

1. 觀察並感知你的憤怒，但不受其影響，也不對其採取任何行動。
2. 明白憤怒只是一種訊號，引導你去探索比憤怒更重要的感受、思緒及身體感知。
3. 將憤怒視為一種提醒你自我檢視的訊號，以確認自己的核心欲望、需求與價值感。
4. 需要先學習自我慈悲，包括提升安全感與連結感。
5. 學習放掉憤怒，原諒他人與原諒自己。
6. 練習不折磨別人也不折磨自己。
7. 學習堅定自信地與別人溝通。
8. 可以提升你的韌性及整體狀態。

9. 需要你對其他人表達慈悲之心。

如何學會「有益的憤怒」？

本書從**正念與正念冥想**、**自我慈悲**、**自我覺察**著手，告訴你如何透過認識與練習，通往有益的憤怒。以下先分項概述。

正念與正念冥想

正念與正念冥想（從第三章起將有深入說明）可以讓你在檢視自身感知時不受影響，也避免失控。這些練習尤其能讓你理解到：思緒、感受、身體感知，都只是短暫的，並不代表你這個人的一切。在你清楚這一點之後，如果遇上令人發怒的事，就能更自在地決定該如何因應。

自我慈悲

本書所介紹通往有益憤怒的方法，都是基於**慈悲焦點理論**（compassion-focused theory）及**慈悲焦點治療**（compassion-focused therapy）的相關練習與研究[20]。這個理論以認知行為治療為基礎，也結合進化、社會和發展理論，以及佛學心理學和神經科學。經過這些練習，你的大腦將可以加強三種驅動力：第一種驅動力可幫助你**獲得安全感**，並提醒你留意潛在的威脅。第二種驅動力是**你對於溫情的需求，以及與他人產生連結的需求**——在理想的情況下，這種動力可以從童年時期及親密關係中獲得。第三種驅動力能夠幫助你**朝實踐理想的方向前進**，讓你專注於目標，想著如何實現它。

練習慈悲還可以用來激發平靜感與安全感。善用正念，可有助於自我慈悲的練習，反之，自我慈悲也有助於正念的練習。這兩種練習都能讓你不再對憤怒反應過度，並選擇運用有益的憤怒。

自我覺察

正念、正念冥想與自我慈悲都能幫助你提升自我覺察，強化有益憤怒的練習。有益的憤怒除了必須專注於當下的體驗，還得留意自己的思緒、感受、身體知覺，及三者的交互作用。自我覺察可以增強你投入嚮往目標的信心。能夠找到理想實踐和生活動力這樣的基本需求，是非常重要的。

你在練習有益憤怒時，可能會經歷一些不舒服的感受，因而進展受阻撓。下一章將介紹可能造成阻礙的潛在原因。

進一步思考

1. 你最近如何面對自己的憤怒情緒？
2. 你在什麼情況下會感覺到憤怒？
3. 你的憤怒對自己與別人造成什麼樣的負面影響？
4. 你小時候，從你父母或其他人身上接收過哪些有關憤怒情緒的「直接訊息」？
5. 你小時候，從你父母或其他人身上接收過哪些有關憤怒情緒的「間接訊息」？
6. 你認為電視、音樂、電動玩具及網路等媒體如何影響你對憤怒的觀點與採取的行為？
7. 青少年時期以後，哪些經歷影響了你處理憤怒情緒的方法？

注解

1 M. Reuter, B. Weber, B. Fiebach, et al., "The Biological Basis of Anger: Associations with Gene Coding for

第二章
培養有益憤怒的過程中會遇上哪些考驗？

請你先花點時間，細細品味一下此刻心裡的感受。你是否有興趣及動力繼續閱讀這本書？還是對這本書存有一絲懷疑？你覺得輕鬆自在或者憂心忡忡？你的身體感到輕鬆還是緊繃？

我提出這些問題，是為了讓你更仔細檢視自己的感受。這種認知過程是練習有益憤怒的關鍵。除此之外，雖然你的目的只是改變自己，但別忘了也要找出可能阻礙你練習有益憤怒的念頭與情緒，這一點同樣重要。

這麼多年來，你已經有一套自己的憤怒處理方式，這些方法也反映出你受威脅時的情緒，化身成為你的**情感盾牌**。因此，雖然你現在想學習新的憤怒處理方式，卻無法放下原本的舊方法，因為這套舊方法已經成了你自我保護的習慣。

本章將指出哪些舊習慣會阻礙你練習有益的發怒技巧。假如有一天你忘了這本書的內容，或者停止閱讀這本書、決定嘗試其他有趣的方式，抑或因某種理由而不想投入改變，舊習慣可能就會隨時故態復萌。

考驗1：「認為應該改變習慣」與「感覺應該改變習慣」並不相同

我們對於憤怒的反應是透過經年累月的練習而來，正因如此，就算你**知道**唯有改變對自己才有好處，你可能還是**不願**改變。**兒童邏輯**（child logic）可以清楚解釋這一點。

當你的情緒主宰了理智，所謂的「兒童邏輯」就會出現。這種幼稚又不健全的思考方式，會讓你忽略各種遭遇與感知的細節，導致你在未遭受威脅的情況下也誤以為自己受到威脅。比方說，某個孩子被狗咬了，從此便懼怕每一隻狗，因為這孩子不明白並非每隻狗都有危險性。

兒童邏輯與智力、年齡都無關，而且你可能不會察覺到兒童邏輯的影響力已經根深蒂固。這種邏輯會主導你對別人和對自己的期許，也會在你遇上問題時引導你匆促做出結論。簡而言之，你大腦中主管情感的部分會勝過主管邏輯的部分，讓你對外界威脅變得過於敏感，以致容易做出衝動的決定與行為。

兒童邏輯能保護你，使你不受傷害，因此，就算你深信自我慈悲與有益憤怒是重要的，而願意勤加練習，你的兒童邏輯還是可能從中作梗，阻礙你改變的決心。

考驗2：你可能已經熟悉心中認定的自己

我們都是習慣的動物，會依照自己最熟悉的方式去做任何事情。因為我們已經熟悉心中認定的自己，所以覺得自己的性格是固定且無法改變的。你可能會死守著這種想法，並擔心倘若拋棄舊有的習慣，就會失去自己的特質。我經常聽客戶說：「如果我不再亂發脾氣，就不是原本的我了。」這句話其實只對了一部分，因為**性格會改變，它並不是固定不變的**。在人的一生中，雖然有許多面向會維持不變，但各種新體驗都會在某種程度上改變你。

只要你練習本書提供的方法，就能讓你有所改變。培養有益的憤怒對你的人際關係、日常生活及自我認同都會產生正面影響。

考驗3：憤怒很有用，所以不想放下

憤怒在短時間內是非常有幫助的，它可以讓你不要想著苦痛與受威脅的感覺，而且你可以利用發怒來引起別人的恐懼和焦慮，讓別人感受威脅，你也可因此得到主控權。然而，經常對別人發怒，久而久之只會讓對方更不想幫助你，到最後甚至因此離開你，導致你更孤立無援。

考驗4：學習新事物總是令人緊張不安

人們在學習新技能時經常會感到不適，這一點其實不難理解。回想一下，你在學習樂器演奏、電腦程式，或者是在大眾面前首次侃侃而談時，都難免讓你感覺緊張不舒服。剛開始學習新技能的時候，情緒緊繃的感覺通常最強烈，這是因為懷疑自我、缺乏耐性及感覺尷尬。要克服這些障礙，就必須忍受挫折感。為了達到預定目標，我們必須面對這些短暫的不適感。一定要相信自己，告訴自己**犯錯只不過是學習過程的一部分**。

這時，如果你用兒童邏輯來看待學習新事物這件事，可能只會讓自己更感覺受威脅，因為兒童邏輯只會讓你認為「學新東西應該很簡單」，或者「我不必學就懂這些新技能了」。更糟糕的是，你可能會認為「自己應該要是完美的」。這些引發焦慮的念頭，經常導致我們在學習新事物時半途而廢。

考驗5：你喜歡伴隨憤怒而生的身體衝擊

動怒的時候，你的身體會釋放出**皮質醇**，那是一種可以幫助你因應壓力的荷爾蒙。你會因此感受到身體散發出正向的「衝擊」，戰勝你的自我懷疑，讓你充滿活力與能量。但是在「兒童邏輯」的影響下，這種「衝擊」會減弱你判斷能力的精準度。

當你覺得自己受到威脅時，通常很難覺察自身內心的感受。如果你想要持續練習有益的憤怒，就必須要有堅定的決心，如此才能真正獲得成就感和力量。

考驗6：你緊抓憤怒不放，以便逃避責任

做決定不是簡單的事，**憤怒能讓你轉移注意力，讓你不需要為自己的決定承擔責任**，畢竟責怪別人比自己承擔責任容易多了。

我的客戶當中，至少有上百人把自己遭遇所有不順遂怪罪於父母、兄弟姊妹、老闆、伴侶、前任男女朋友或其他人身上，並因此對別人發怒。他們在逐夢過程中受到挫折與打擊，因此心中積怨，最後把自己的決定怪罪在別人身上。即使那些人已經離開他們，他們仍然心懷怨懟。

你可能很清楚長期心懷怒氣會有什麼樣的後果，卻還是故意這麼做，只為逃避責任。例如，我班上一位名叫傑克的學生，他是這樣說的：

我知道自己的壞脾氣快逼走我的未婚妻了，但是你知道嗎？我不想承擔任何責任，也不想克制自己的壞脾氣。我是四個兄弟姊妹之中的老大，我父親在我八歲那年過世，我一直覺得自己這輩子都揹負著某種責任。

傑克打算一直緊抓著受傷的心情與憤怒的情緒，因為他堅信人生對他不公平，所以一點也不打算放掉自己的怒氣。

考驗7：你過度對外依賴，會阻撓你負責任

即便你不認為自己能夠達成目標，練習有益的憤怒仍必須完全投入。假如你不肯面對「功敗垂成」的事實，只想從外界尋求憐憫，或渴望別人填補你需求未獲滿足的「情感缺口」，這些練習就會變得更具考驗。你也許不自覺地希望別人照顧你，將你從痛苦深淵救出來，為了滿足這種需求，你會過度聚焦在伴侶、工作、孩子或宗教信仰上。過分仰賴別人照

顧你的結果，將導致你忽略兩件重要的事：首先，就算你的親友愛你，你的人生終究得靠自己建構意義，並且身體力行。其次，就算別人願意對你付出關愛和慈悲，你還是有責任敞開自己的心胸接受別人的關懷，並且自我慈悲。

考驗8：「自我反思」可能會讓你感到不自在

在這本書中，我會鼓勵你不斷自我反思。許多因素都會讓你在反思時覺得不自在。如果你愈嚴厲批判自己的感受，就愈不容易看清自己。除此之外，某些在你心中沉睡已久且被憤怒等情緒掩蓋的負面感受，也可能因反思而再度甦醒。

自我反思在相當程度上需要安靜獨處。你必須有獨自一人且不受打擾的安靜時光，以專心檢視自己的內在需求。由於這個社會要求我們多多與人接觸、盡量贏得別人的認可，這種壓力使我們忽略了心中對獨處的渴望。希望身處自己真正歸屬的地方，是每一個人的天性，而獨處和自我反思可以幫助我們與自己的信念和價值緊密結合。雖然與他人建立良好關係是心理健康的衡量標準之一，能自己一人好好獨處也同樣重要，只不過這一點經常被人們忽略[1]。

不幸的是，你可能會認為反思是一種做作或脆弱的表現。你在孩童時期可能會將父母、兄弟姊妹或其他親友的幸福視為己任，但你可能因為太關注別人的需求，忘了留意自己的需求與欲望。

或許你曾接收過不少貶抑自我反思的訊息，因此對這種行為抱持批判。例如，我有些客戶表示經常有人對他們說：「你想太多！」「你太多慮！」「如果你只是心情不好，不妨找點事情讓自己保持忙碌。」

考驗9：與練習「有益憤怒」相較，其他方法較能快速見效

培養有益的憤怒必須努力且全心投入。相形之下，其他不少方法都比自我反思更迅速有效。事實上，人們通常會選擇有趣且費時較短的方式，而非效果比較深遠的方式。如果你將「好玩」擺在第一位，可能會阻礙你為自己培養有益的憤怒，也可能會導致你將其他的目標往後延。你必須把眼光放遠，仔細思考學會有益發怒的好處。這本書的練習能訓練你的「挫折寬容度」，而挫折寬容度對自我約束來說是非常重要的。

考驗10：憤怒可能會耗損你的努力

你的憤怒會減損你的努力。你可能會因此心懷怨念，後悔自己花了那麼多心力。你也可能會怨恨別人不幫你分擔憤怒帶來的問題。你還可能不想浪費時間和精力來善待自己。

有時候，拿別人和自己做比較是自然的事。當然，有些人會以較有彈性的態度面對生活考驗，有些人則覺得難熬。如果你只是一味比較，可能無法認清自己真正需要什麼，也無法知悉怎麼做才能解決自己易怒的問題。

在沒有完全接納自己的情況下，就會心生抱怨，因為我們抱著「我應該身處何處」或「我應該達到何種境界」的期望。在這種情況下，一味拿自己的現況與他人比較，可能會在你決定改變時，打擊你對自己的接納、期許，及投入的決心。

如何提升你面對考驗的覺察力

在你面對考驗時，以下方法可提升你的覺察力。培養有益的憤怒時，這些方法可以幫助你對自己的思緒、感受、身體感知等產生正念。

1. 複習本章內容，找出練習有益憤怒時對你影響最大的考驗。
2. 列出五項你在練習有益憤怒之後希望達到的成果。
3. 找到真心誠意支持你的人。在你打算改變人生之際，身旁勸阻你的人通常會比支持你的人多，因此記得一定要找到願意鼓勵你的人。
4. 當你的練習遇上阻礙時，請再回來翻閱本章，以便確認是哪些考驗正在阻礙你。
5. 以下章節將告訴你如何因應並跨越考驗，請多加練習。

你照著這本書進行練習之後，會漸漸「感覺」渴望改變是對的，而不光只是「認為」自己必須改變。

● 閱讀本書並練習各種方法時，請留心上述的各種考驗。以下章節所討論的正念與正念冥想，可幫助你培養這種專注力。

進一步思考

1. 在你的成長過程中，曾在「自我反思」、「自我探索」與「自我好奇」等方面接收過什麼樣的訊息？
2. 在你的成長過程中，曾在「利用憤怒操控他人」方面接收過什麼樣的訊息？
3. 你是否對過往的某人一直心懷怒意，以逃避行動帶來的焦慮？你一直逃避去做的那件事情是什麼？
4. 你如何察知考驗會阻礙你練習有益的憤怒？
5. 雖然別人可能會讓你發怒，然而你才是必須對自己憤怒強度及憤怒面對方式負責之人。現在，請你好好思考上面這句話。當我告訴你「你必須為自己的憤怒負責」時，你有什麼感覺？

注解

1 A. Storr, *Solitude* (New York: Free Press, 1988). 中文版：《孤獨》，安東尼．史脫爾著，張嚶嚶譯，八正文化，二〇〇九年出版。

第三章
正念與正念冥想如何幫助你？

憤怒是一種強大且富挑戰性的情緒，會綁架你的注意力，這種情緒對你的**原始大腦**（primal brain）而言合情合理，因為當你覺得自己遭受威脅時，會自動將注意力重新鎖定在讓自己感覺安全的感受上。然而這麼做會妨礙你的**理性大腦**（rational brain）了解憤怒，因此無法以建設性的方法回應憤怒。

為了練習有益的憤怒，你必須知道自己的注意力何時開始「窄化」，這會發生在憤怒壓垮你的理智之前。正念與正念冥想，可以幫助你發現這一點。

在過去兩千年中，東方的宗教早已將正念與正念冥想的概念涵括於教義。最近幾十年來，西方專門研究心智健康的學者也開始鑽研這些練習對人類身心狀況的功效，結果發現，正念與正念冥想能有效治療焦慮、憂鬱、慢性疼痛及各種成癮問題，並改善生活品質[1]。

學習有益的憤怒時，正念練習能幫你更輕易達成下列目標：

- 在轉瞬而過的事件發生後觀察並體驗自己的思緒、感受與知覺。
- 將自己的思緒、感受和知覺視為心智的產物，明瞭它們不能代表你或你所處的情況。
- 辨識哪些需求與欲望可反映你在生活中最重視的事物。
- 認清哪些是讓你易怒的感受、思緒及身體感知。
- 在動怒時認清何時是可趁早控制怒氣擴大的好時機。
- 辨識哪些是不切實際的期待。不切實際的期待會助長不必要的苦痛與憤怒。
- 減緩情緒反應的速度、降低情緒反應的強度[2]。

正念

正念有賴你拓展好奇心，觀察自己的思緒、感受及身體知覺，以及留意身旁發生的事。培養正念思考必須要先自我慈悲、不自我批判、善待自己，並且察知自己的人性。正念大師喬．卡巴金（Jon Kabat-Zinn）將正念定義為「無時無刻、聚精會神培養不帶批判的覺察……盡可能敞開心胸，而非出於反射或批判動作。」[3]

請你思考一下：此時此刻你心裡有什麼感覺？你聽見什麼聲音？是人的聲音？還是電視或收音機的聲音？有鳥鳴聲嗎？有救護車在馬路上奔馳時的警笛聲嗎？你聞到什麼味道？你周遭的空氣是乾燥或者潮溼？空氣是靜止或流動的？請觀察你的四周，留意你看見的各種小細節。你能不能辨識這些事物的顏色、紋理和形式？透過回答這些問題，你將與自己察知環境的各種感知建立連結。

現在，請將注意力移至身體如何感受地板、椅子或沙發。你覺得舒服還是緊繃？你的胃是否不停翻攪？你有沒有感覺到身體的其他感受？

再將注意力轉至你的思緒。你是否正在思考讀完本章之後要吃什麼？你是否感覺到第二章提過的那些與考驗有關的思緒或感受？比方說，必須改變處理憤怒的方式，是否讓你感到挫折與惱怒？在感受的過程中，不要太沉溺於自己的想法。

最後，觀察一下自己的感受。你覺得焦慮嗎？平靜嗎？惱怒嗎？

正念可以幫助你培養有益的憤怒，但這有賴你對內在感知的**覺察**，而非**分析**，正如你看見顏色鮮明的藍天、聞到芬芳美味的咖啡，或聽見早晨鬧鐘的聲響。

精神病學家丹尼爾．席格（Daniel Siegel）認為我們有第六感可以察知自己的內在感受，還有第七感可以察知自己的思緒、感覺、回憶、希望與夢想[4]。正念可以幫助我們將注意力鎖定於此時此刻，而非過去或者未來。

請進行以下練習。當你完全沉浸在感知之中，將會發現自己的觀察力變得格外靈敏[5]。

進一步練習1 用心品嘗食物

將一顆葡萄乾（或者任何一種乾果）放在手裡，讓它在指尖與手掌間移動。想像自己從來沒有看過葡萄乾。

拿起葡萄乾，專注地感受它，觀察它的顏色變化，以及光影在它的獨特表面上所形成的效果。

將葡萄乾放在手裡動一動，用手指與手掌觸碰葡萄乾。你可以閉上雙眼，以便更專心感受。

將葡萄乾拿到你的鼻子前，聞一聞它的香味，並在呼吸時感受嘴巴或胃部的感覺有什麼變化。

輕輕將葡萄乾放在舌頭上，注意自己伸手及張嘴的動作。不要咀嚼，用舌頭探索葡萄乾的形狀和質感。

將葡萄乾放在牙齒間。做這個動作時，請留意嘴巴與舌頭的動作，然後再慢慢輕咬葡萄乾。注意舌頭的感覺，並在咀嚼時感受葡萄乾的質感與滋味。想一想準備吞嚥的意念，然後才吞下葡萄乾。

吞下葡萄乾的時候，請留意嘴裡殘存的滋味，品味吞嚥葡萄乾的感覺。

觀察自己對這一連串動作的反應，以及動作完成後產生的想法或感受。

正念能幫助你明白憤怒的念頭和衝動都是可忽略的短暫過程。正念能幫助你感受憤怒及伴隨而來的情緒，但不必受其影響，重點是保持完整的覺知，即便是不愉快或不舒服的感覺。

「這正是我心裡的想法」或「這正是我此刻的感受」，如果你能這樣告訴自己，就表示你有能力觀察自己的感知，並且掌控一切。這種覺察能力可以幫助你冷靜思考因應憤怒的各種方法，而不需要過度反應。

雖然正念無法完全移除讓你不舒服的感受，但可幫助你與那些感覺共存，使你不受影響。藉由本書接下來探討的內容，你可透過正念明白：如果緊抓著不切實際的期待，只會強化憤怒的情緒。舉例來說，正念可以幫助你看清：「別人應該照我認為的方式去做」只不過是你個人的想法，你可以選擇認清事實真相，也可以選擇繼續堅信自己的想法。

正念冥想

在佛家哲學與西方文化加以延伸的版本中，都有各種正念冥想，而內觀則是建立正念與自我慈悲最常使用的方式。**內觀**（vipassana）是指「仔細觀看事物的本質，盡可能看清事物的每個組成元素」[6]。

美國靈性導師拉姆·達思（Ram Dass）如此形容正念冥想：「你的思緒就像秋天落入水中的葉子。水流的漩渦把葉子帶往各處……葉子，好比流動的思緒，但是你應該把注意力放在水流上。」[7]正念冥想可以讓我們更輕鬆地觀察自己而且不帶批判。每當我們想到某個經驗，就表示我們已經不再只是單純地「觀察」它。然而只要透過練習，我們就能提升自己的能力，在任何時候觀察自己經歷的一切，並且與之共存。這也正是練習自我慈悲的基石。

正念呼吸：正念冥想的第一步

在冥想的悠久傳統中，觀察呼吸是練習專注的起點。我們靠呼吸維持生命，提醒自己活著。呼吸提供我們無須花心思就能得到的養分，因此我們不需要特別控制呼吸或避免呼吸。我們無法將呼吸儲存起來，留到將來需要時再使用。每一次呼吸都是當下發生，隨即結束。我們的呼吸讓我們活在當下，活在現在這一刻。練習正念呼吸可讓我們避免過度專注在思緒或感受上。

許多方法都可幫助你練習正念呼吸，以下方法取自《從正念走過沮喪》（*The Mindful Way through Depression and Mindfulness: An Eight-Week Plan for Finding Peace in a Frantic World*）一書[89]。

進一步練習 2 正念呼吸

做好準備。換上寬鬆的衣物，找一個不受打擾的地方，坐在地板上或椅子上都可以。

坐在地板上。如果你喜歡坐在地板上，請找個坐墊，以便你將雙腳交疊於前方地板上，避免讓雙腿或髖部過於緊繃。將你的背脊打直，肩膀放鬆，讓全身放輕鬆，然後將前臂放低，掌心朝上，置於大腿或膝蓋上。

椅子。你也可以選擇坐在直背椅上，將雙腳腳掌完全平貼於地板，背脊保持直立，雙手放在大腿上，好讓肩膀放鬆。如果你覺得閉起眼睛比較自在，就將雙眼閉上，或者視線朝下。

留意身體的各種感知。當你的雙腳接觸地板時，請先花一點時間留意雙腳的感覺，包括你的腳趾、腳底與腳跟。接著再將注意力轉移到你接觸地板或椅子的其他身體部位，花一點時間感受這些感覺。

把注意力轉移到你的呼吸。你可以試著加快或放慢呼吸的速度，以便調整至自己感覺最舒服的節奏。注意你呼吸時將空氣吸入鼻子然後進入肺部的過程，感受橫膈膜的動作，以及你吸氣與吐氣時胸口的起伏。你可以將手放在腹部上，在呼吸時感覺腹部的律動，或者留意空氣進出鼻腔的感覺。請花三十秒感受腹部或鼻腔的動作。在用心感受的同時，你呼吸的速度會放慢，身體也會隨之放鬆。然後請繼續留意自己的呼吸。

觀察自己浮動的想法。到了最後，你的思緒一定會開始浮動，想法也會跟著四分五裂。這種情況很自然，因為人的心智就是如此，出現這種情況不代表你很脆弱，也不代表練習失敗。當你發現自己的想法開始浮動，就是再次觀察自身感知的時機。請留意自己想到什麼，在呼氣與吐氣時，將注意力轉回呼吸的節奏。

留心自己的想法。如果你覺得自己做得不對或不夠好，只需要覺察自己出現這種念頭，然後慢慢將注意力轉回呼吸時的感知。花五到十分鐘繼續專注在呼吸上。

經歷這些感受時，你有什麼樣的反應？這些練習的唯一目的，就是要讓你觀察自己的感知，然後將注意力轉回到呼吸上，以舒緩其反應。有一些人比較好勝，他們會努力清空自己的腦袋。也有一些人表示這種過程讓他們感覺精力充沛或全身放鬆。還有人因此變得非常疲倦或想睡覺，許多人都只表示非常驚訝自己的心智可以變得如此活躍，有人甚至討厭這種感覺。

也許你的思緒現在已經飄向日常生活的瑣事，或者待處理的要務，你也可能開始自我批判。也許，當你專注在自己內在感受時，情緒會開始變得緊繃，彷彿自己違反了某種規矩。你可能因此感受到難過與焦慮之類的負面情緒。請記住這種感覺，以便將來進一步探索。正念是讓你觀察自己思緒與感覺的方法，而非讓你忽略生活中的重要事物。

正念強調呼吸的重要性。一行禪師說：「我們發現自己分心的時候，如果無法透過別種方式自我控制，就應該把注意力放在呼吸上。」[10]

大部分人喜歡快樂的思緒、感覺與身體知覺，厭惡不舒服或痛苦的感受。儘管如此，如果我們一心期待舒服的感覺，只會讓自己的處境變得更糟。練習正念的目的就是要認清一件事：我們情緒上的混亂，多半來自我們對負面感知的逃避。正念的意思，就是全然接受我們的內在感知，了解人生中有許多事並非我們能控制的。

在練習有益的憤怒時，正念可以讓我們認清自己的情緒，並認清這些情緒在各種情況下如何影響我們的心情、態度與行為。正念可讓我們清楚辨識影響我們看待自己、他人與世界的力量。

藉著觀察並留意自己的反應，你會對自己的內在感知更為敏銳。只要如此重覆練習，就算你不進行冥想，也可透過這種方法感受自己的內在感知。你將能視自身的思緒與感覺為觀察對象，而非用來定義自己。

加強你對正念冥想的投入

練習正念冥想形同培養新的習慣。以下是你練習時應注意的事項：

1. 每天在固定時間練習。
2. 每天在固定地點練習。
3. 每一次練習開始時，先告訴自己練習有哪些好處[11]。
4. 一開始先練習五到十分鐘就好。
5. 至少持續練習一個星期。
6. 在視線範圍內準備一些提示用品，例如海報、照片、紙條，提醒自己不要忘記練習。
7. 當你遇上困難，萌生挫敗感，請承認自己有這些感受，然後再將注意力轉回到呼吸上。
8. 當你發現自己開始產生批判性的想法，或者開始胡思亂想，請注意這種情況，並將注意力轉回到呼吸上。

9. 請記得：無論你認為每次練習都是相似或相異的經驗，都是不切實際的想法。
10. 許多原因會讓「感受當下」的念頭引發你的焦慮感。
11. 請留意自己是否老是從這個思緒跳到下一個，有「心猿」（monkey mind）的傾向[12]。
12. 請記得：無論心情好壞，冥想都能協助你更加與當下同在，而且不受其影響。

除此之外，請你記得：練習正念冥想時，覺得「自己不夠好」、「為什麼無法停止胡思亂想」、「冥想只是浪費時間」、「花太多時間在特定思緒」等，都只不過是短暫的念頭。只要留意自己出現這種想法，然後就把注意力轉回到呼吸上。

以各種方式進行正念練習

隨時隨地都可以進行正念練習，就算沒有進行冥想時也一樣。每天早上起床後，你可以選擇對各種事情進行正念練習，例如從睡夢中清醒後，一直到起床面對新的一天，在這段時間裡，你可以察覺自己各種感知的變化。當你的頭部離開枕頭時，你可以察覺頸部的肌肉慢慢緊繃，以便讓你抬頭，或者腿部的肌肉開始用力，以便讓你下床。你也可以利用從沉睡中慢慢清醒的過程，留意自己思緒的轉變。

洗澡的時候，你可以花一點時間進行正念練習，注意水柱沖擊肌膚然後流洩至腳邊的感覺，感受水的溫度。

走路的時候很容易練習。留意自己踏出每一步以及踩在路面上時雙腿與雙腳肌肉的感受。你可以找個地方以自然的步伐來回走動，藉此練習。請選擇一個安全的地方，讓你可以一邊來回走動，一邊專注自己的呼吸。

每天測量數次自己的**身心脈搏**（用來評估你的感受、思緒與身體感知），是另一種正念練習的方式，但這種方法是指練習正念呼吸。當你測量身心脈搏時，會發現閉上眼睛能避免分心。這種例行程序可以讓你更容易記得每天進行正念練習。

專注於呼吸是一種非常有效的方法，幫助你停留在觀察模式，而非思考模式或行為模式。每天花短短幾分鐘專注於自己的呼吸，可以讓你更有效地透過不同方式認識自己。這麼做也能幫助你將正念變成日常生活的一部分。我平常在搭車時會花一點時間專注呼吸，以便放鬆並集中注意力。

試著以各種方式進行正念練習，包括留意身旁事物的小細節。你可以在幫愛犬梳理毛髮時，藉由撫摸牠的皮毛及觀察梳子的移動來練習，你也可以在梳頭髮時練習，感受梳子在你頭皮上移動的觸感。

洗碗之類的家務事，也是正念練習的機會。觀察洗碗精的泡沫滑過盤子，以及使用菜瓜布刷洗盤面的效果，或者感受洗碗精的香味。然後再轉移你的注意力，觀察自己做這些家務事時的思緒、感覺或身體感知。

每當我行經公園或忙著處理雜事時，經常會特別停下來聆聽周圍的聲音，或者觀賞周圍的事物。因為在這種時候，我可以選擇以正念去關注不同的事物，並將注意力調整至各種「感官頻道」。我原本可能正想著自己要去哪裡，或者計畫當天要做哪些事，但我身旁的鳥叫聲、路人的談話聲、馬路上的車聲與喇叭聲，甚至風聲，可以讓我從思緒中抽離，讓我重新聚焦在自己身處的環境。聽音樂也能提供練習的機會。當你的思緒飄忽不定時，你可以慢慢將注意力拉回來，轉向你所聆聽的音樂。

等待是練習正念呼吸的最佳時刻：你在超級市場排隊等結帳、在車陣中等紅燈、等朋友前來吃晚餐之際，都是練習的好時機。另外，你與朋友聊天時，可以專注在對方分享的話題、說話的語調，或者臉部的表情。如此一來，你會發現自己的思緒、感覺及各種感知都會以正念回應對方表達的一切。這些都是在日常生活中進行練習的好方法。

我撰寫這篇章節時正好是六月天：藍色的天空明亮遼闊，白色的浮雲輕柔飄過，氣候宜人，令我忍不住想往戶外跑，享受一下美好的天氣。因為我住在芝加哥，而芝加哥剛經歷過一個多年來最酷寒的冬天，因此我特別渴望好天氣。

我可以忽視這種往外跑的衝動，也可以試著告訴自己放棄這種念頭，畢竟接下來還有好幾個星期都是好天氣。我甚至可以告訴自己屋外其實是寒冬，那些穿著夏裝的人們只是假裝天氣變暖。

無論我選用上述哪種方法，都只是否定自己心中的渴望，但其實我不需要這樣做。我沒有試著迴避往外跑的衝動，也不打算阻擋這種念頭。我也沒有強迫自己下決心，等過一陣子再出去玩，以取代我立刻到戶外的渴望。我只是慢慢將注意力轉移到寫作上，我在面對寫作的樂趣或挫折時，仍可對各種突然現身的念頭保持開放的心態。

正念與有益的憤怒：正念的實質用處

遇上引爆憤怒的事件時，正念可幫助你靜心觀察而非貿然行動。你可以選擇透過不同的方式達到你的期望。同樣的，在事件後，你可以藉著正念來減少怒意。除此之外，以正念安撫發怒前的情緒，可以提升你的自我覺察，幫助你與自己及他人產生連結。更重要的是，你將漸漸有能力以自己最重視的價值觀，認清並滿足自己的需求與渴望。

可惜的是，許多人只有在進行冥想時才會想到以正念思考，我某次在銀行的排隊隊伍中就看過活生生的例子。當時是星期五下午，那家銀行雖然設置了八個櫃台窗口，但只有兩位行員為客人服務，其他六個櫃台暫時關閉。

一位女士走進銀行之後，在隊伍中排在我後方。突然，她不悅地朝銀行行員大吼：「你們為什麼不多開幾個櫃台？你們這樣經營銀行啊？叫多一點行員出來服務不行嗎？我可沒時間在這裡排隊！」這時大家都不約而同轉頭望向這個沒耐性的女人。

相差不到一分鐘的時間，另一個女人走進銀行。排在我後方的女人馬上向她打招呼。「嗨，茱蒂，妳好嗎？上次冥想課的時候沒遇到妳！」很顯然的，排在我後方的女人忘記可以用正念冥想的方式化解自己的憤怒。倘若她以正念化解憤怒，剛才就能以堅定且正向的方式表達她的想法，而不是如此咄咄逼入。

有些人練習正念冥想只為了放鬆，無關生活的其他面向。但事實上，也有些人利用冥想來迴避自己的感覺和思緒。**正念並不是用來取代感受內在或了解自己的替代品**，相反的，正念可以幫助我們以更開放、更接納的態度來探索內在並了解自己。

●

練習正念有賴自我慈悲。本書下一章將幫助你了解自我慈悲，並告訴你自我慈悲與正念有什麼關係，以及它能夠如何輔助你練習有益的憤怒。

進一步思考

1. 請在YouTube觀賞由丹尼爾．賽門斯（Daniel Simons）發表的《胡鬧的幻想》（*The Monkey Business Illusion*）。這部短片是一個很有趣的例子，讓你明白「一心多用」會遇上什麼樣的考驗[13]，同時也讓你知悉我們的注意力相當有限，足以影響我們進行正念練習。
2. 練習正念冥想時，你心裡可能會有某些疑惑（例如本書第二章提到的考驗）。比方說，你可能會認為練習正念冥想具有宗教色彩，但其實完全沒有。或者，你可能會認為冥想只適合有閒之人，得特別跑到海邊，或者花整個週末的時間閉關，才能達到冥想的「效果」。無論如何，最重要的是，在你練習冥想的過程中，如果因心思混亂而感到挫折，請記得以正念提醒自己：愈常練習，就愈容易以超脫的立場觀察各種感知，而不受其影響。
3. 閱讀本章時，你的心裡有什麼想法與感受？你是否遇上第二章提到的種種考驗？例如學習新技能時的不適應感？或者希望改變自我的過程可以簡單一點？你在自我反思時有沒有遇到困難？

注解

1 H. B. Aronson, *Buddhist Practice on Western Ground* (Boston: Shambhala, 2004).

2 C. L. M. Hill and J. A. Updegraff, "Mindfulness and Its Relationship to Emotional Regulation," *Emotion* 12, no. 1 (2012): 81–90.

3 J. Kabat- Zinn, *Coming to Our Senses: Healing Ourselves and the World through Mindfulness* (New York: Hyperion, 2005), 108. 中文版：《正念的感官覺醒》，喬．卡巴金著，丁凡、江孟蓉、李佳陵、黃淑錦、楊琇玲譯，溫宗堃、陳德中審閱，張老師文化，二〇一四年出版。

4 D. Siegel, *Mindsight* (New York: Bantam, 2010), 1. 中文版：《第七感：自我蛻變的新科學》，丹尼爾．席格著，李淑珺譯，時報，二〇一〇年出版。

5 M. Williams, J. Teasdale, Z. Segal, and J. Kabat- Zinn, *The Mindful Way through Depression: Freeing Yourself from Chronic Unhappiness* (New York: Guilford Press, 2007), 55. 中文版：《是情緒糟，不是你很糟：穿透憂鬱的內觀力量》，馬克．威廉斯、約翰、蒂斯岱、辛德．西格爾、喬．卡巴金著，劉乃誌等譯，心靈工坊，二〇一〇年出版。

6 B. Gunaratana, *Mindfulness in Plain English* (Somerville, MA: Wisdom, 2002), 33. 中文版：《平靜的第一堂課：觀呼吸》，德寶法師著，賴隆彥譯，橡樹林，二〇一二年出版。

7 Ram Dass, *Journey of Awakening: A Meditator's Guidebook* (New York: Bantam, 1990), 45.

8 Williams et al., *Mindful Way through Depression*.

9 M. Williams and D. Penman, *Mindfulness: An Eight-Week Plan for Finding Peace in a Frantic World* (New York: Rodale, 2011), 84.

10 Thich Nhat Hanh, *The Miracle of Mindfulness* (Boston: Beacon, 1987), 20. 中文版：《正念的奇蹟》，一行禪師

著，何定照譯，橡樹林，二〇〇四年出版。

11 His Holiness the Dalai Lama, *Beyond Religion: Ethics for a Whole World* (New York: Houghton Mifflin Harcourt, 2011), 165. 中文版：《超越：生命的幸福之道》，達賴喇嘛著，張琇雲譯，時報，二〇一二年出版。

12 Gunaratana, *Mindfulness in Plain English*, 33. 中文版同第六條注釋。

13 D. Simons, "The Monkey Business Illusion," at www.youtube.com/watch?v=0- HR9WfdYSY.

第四章
「自我慈悲」扮演的角色

練習有益憤怒的能力，在極大的程度上與「自我慈悲」（self-compassion）的能力息息相關。如果想要面對憤怒造成的傷害，放掉怒氣，就必須培養自我慈悲。

近來神經科學領域研究發現，自我慈悲的某些練習可以迅速並有效提升安全感和平靜感[1]。身心感覺平靜能夠解放你，幫助你自由探索可能引發憤怒的思緒、感受與身體感知，而自我慈悲的練習可以讓你在發怒時擴展你內在感知的正念。

正念與自我慈悲

「慈悲焦點治療」（compassion-foucsed therapy）創始人保羅・吉伯特（Paul Gilbert）為

「慈悲」定義如下：慈悲包括範圍很廣的感受、思緒與行為，例如協助你培育、照顧、保護、拯救、教育、帶領、引導、撫慰及提供自我接納並產生歸屬的感覺，以達到自我滿足的目標[2]。

「自我慈悲」是指對自己產生慈悲。這個概念一般而言和佛學較相關，直到最近西方世界才加以正式研究。心理學家克里斯多夫．傑墨爾（Christopher Germer）表示：「自我慈悲是一種接納的形式。所謂的『接納』通常是指發生在你身上的事情，例如接受某種感受或想法。但自我慈悲是指『接納那個發生事情的人』，也就是『接納那個覺得痛苦的自己』。」[3]

正如同慈悲之心，出自對他人的同情，自我慈悲也意謂多關心自己遭遇的挫折打擊[4]。這點有賴你將負責「感知」的自己與負責「觀察」的自己予以分離。你負責「觀察」的部分可以往後退一步，對自己「受挫」的部分表達同情。自我慈悲會讓你的情緒更有彈性，幫助你撐過正在經歷的苦痛。

自我慈悲含有哪些要素？

許多人在第一次聽見「自我慈悲」這個詞彙的時候，會馬上認為其意義只在於對自己給予慈悲。然而自我慈悲並非僅止於此：它是指對自己培養新的態度，並練習對自己表現更深刻完整的關愛與尊重。撰有《自我慈悲》（*Self-Compassion*）[5]一書的心理學家克莉絲汀·聶夫（Kristin Neff）指出自我慈悲的重要組成要素：

- 善待自己。
- 認識並尊重人性。
- 正念[6]。

自我慈悲要素1：善待自己

練習善待自己是自我慈悲的基本條件。練習自我慈悲的時候，你可以從客觀、呵護且明智的觀點看待自己。雖然互惠法則鼓勵你以「希望別人對待你的方式」去對待他人，自我慈悲則是鼓勵你以「希望別人對待你的方式」來對待自己。以正念思考應該如何對待自己，並在關係中發揮你的慈悲心。

善待自己，包括對自己的一切都表達友善。談到憤怒時，自我慈悲需要以和善、溫柔和充滿同情心的方式對待自己。這麼做可以幫助你接觸自己的感受、思緒與身體感知，並減緩憤怒發生。自我慈悲還能夠幫助你辨識自己的核心需求與欲望，透過這些需求與欲望賦予自己存在的意義。透過自我慈悲，你不僅能對積極的感知表達仁慈之情，同時也能對那些讓你不舒服甚至痛苦的感受展現仁慈。

你在第九章將會讀到「身體是情緒的來源」，善待自己的關鍵，就是傾聽自己的身體，以區分感覺和情緒。因為最先感受到安全與威脅的是身體，不是你的心智。

善待自己不代表滿足自己的所有渴望。自我慈悲必須以正念看待對你長期有益的事物，這與自我放縱截然不同。自我慈悲並非對自己說：「我要好好愛自己，所以我要再多吃一塊蛋糕，即便我明知控制飲食才是對我有益的事。」或者告訴自己：「我要好好寵愛自己，所以就算我明知自己財務吃緊，也要買下那輛車。」相反的，自我慈悲是對自己有益或有建設性的事物保持正念，推動你去尋求資源，並幫助你達成長期的目標。

自我慈悲並非將自我同情或自我放縱具體化，而是以健康的方式肯定自己。這點有賴以積極的態度對待自己，相信自己不該受那麼多苦痛。真正的自我慈悲並不鼓勵自我吸收或消極地接受苦痛。相反的，自我慈悲促使我們藉由感知苦痛來消除它，而非忽視。

仁慈包括以正念面對需要與欲望。自我慈悲的仁慈與憤怒息息相關，可幫助你認清憤怒是一種你正在遭受潛在痛苦的信號，必須立刻解決這種不適感。善待自己意謂明白自己的需要和欲望，並且能區分兩者的不同。這是減輕痛苦的起始點，先以此為基礎，進而找到滿足需求及欲望的有效方式。

自我慈悲要素2：認識並尊重人性

練習自我慈悲可以幫助你尊重自己的天性。自我慈悲讓你以正念看待自己身為凡人的事實：**凡人必然有缺陷，不可能完美**。它可幫助你提升自我，同時讓你認清一點：你只能盡己所能，但不可能臻至完美。

花一點時間，想像自己是谷歌地圖上的某個地點。透過地球上空的衛星俯瞰你自己，並且將圖像慢慢拉近。你會先看見整片大陸，然後是你所在的國家、城市鄉鎮，接著才看見你自己，你只是地球上數億人口當中的一個。我不是要你覺得自己渺小且微不足道，相反的，我想提醒你以宏觀的角度看待事物。無論任何時候你有什麼樣的想法，或覺得自己多麼孤單，你始終只是人類。你和其他人一樣，必須面對大家都會有的困境，而且因為你只是凡人，所以你會犯錯、會達不到自己或別人賦予你的目標，也會迴避讓你感到羞恥的事──即使你已經表現出有害的憤怒，你還是會下意識想逃避。請記得：別人和你有同樣的感受，因為我們都是凡人。

人們經常不願承認自己的天性，這會讓他們感到孤單和脆弱，結果導致他們易於發怒。有些人愚蠢地希望自己是完美的，以為這樣就能讓別人接受他們，但卻沒有意識到，功成名就並不能幫助他們感受人性，財富或權勢也沒有辦法。唯有與自己建立良好的關係，才能讓你感受自己的真實人性。

自我慈悲最有意義的作用，在於讓我們了解人生一定有挫折，並藉此平撫我們的苦痛。要達成這個目標，必須先充分體認我們的人性、優勢及弱點。

身而為人，表示我們有感受。當我們與其他非人類的生物比較時，經常會問：「牠們有感受嗎？如果牠們有感受，牠們感受到什麼？」這點證明我們已經充分意識到我們有各種情緒，足以自豪地認為這是我們優於其他生物之處。然而諷刺的是，我們卻經常希望遠遠拋開這些感受。

自我慈悲會讓我們全然擁抱人類的感受，同時也是我們在面對這些感受時不再羞愧的解藥。任何忽視這些感受的企圖，都會剝奪我們的人性及充分認識自我的能力。總之，身為人的好處，是我們能夠感受，但壞處是我們有時候會有令人困擾的感受。

身而為人，表示我們每一個人都會遭遇痛苦。無論我們如何希望、無論我們怎麼做，每個人都會體驗失落，或遇上令人失望及不幸的事。就算醫學再進步、就算我們慈悲待己，大家還是免不了會生病，即使我們不願意也無能為力。而且到了最後，每個人都會死。

最近幾年，很多人認為好的父母親應該避免讓孩子受到挫折與苦痛，但這種想法有時會使人萌生不切實際且沒有必要的期望，就像我的客戶凡妮莎。

四十三歲的凡妮莎走進我的辦公室時，看起來非常悲傷：她的腳步沉重、低垂的眼中充滿淚水，說話又慢又小聲。但是過了幾分鐘之後，她變成一個充滿怒氣的女人，生氣地大聲表示自己被診斷出癌症。她咆哮著說，自己並沒有家族病史，而且非常注重飲食健康，平常也都有運動與保養。「為什麼我會得到這種可怕的疾病？」她問我。

當然，她非常心煩。她的憤怒並不難理解，因為她害怕且擔心自己必須面對的未來。我馬上就明瞭一件事：她覺得得到癌症非常不公平，因為她覺得自己是特殊的，只有別人會生病，她的命運不該如此。她認為自己命運不該如此的假設當然合理，但是她首先假設認為自己比別人特殊，因此可以不受疾病侵擾，這個信念表示她沒有體認到自己也是凡人。我們一旦忘記所有人都會受苦，或者拒絕承認這項事實，就會變得更加脆弱痛苦。

自我慈悲要素3：正念

自我慈悲必須對自己的思緒與感受抱持開放且敏銳的態度，不可壓抑或拒絕。正念則必須不批判自己的思緒與感受，也不賦予改變的壓力。

不批判是正念的要素之一，意謂接受以下觀念：我們在任何時刻都要有意識地讓自己的人生過得更好。無論是十分鐘前的事或十年前的事，回首過去其實很簡單，而且我們還可以想想自己當時怎麼做才會更好。有後見之明是好事，但前提是這種後見之明能讓我們下次在相同情況之下，重新以正念思考這次該如何做。假如我們只是一再重覆責怪自己當初「怎麼忘了那樣做」、「其實可以那樣做」和「早知道應該那樣做」，就會陷入與自我慈悲背道而馳的桎梏。

我們之所以心生批判，最初的用意是為了自我保護。在我們察覺威脅時，批判可扮演提醒我們的警報系統。然而，這種批判可能悖離真實的自我，讓我們忽略有意義的事物，使我們與自己及他人疏離。除此之外，批判自己的感覺只會讓我們快速發怒，無論對自己或對他人。因此，不批判不僅是自我慈悲的關鍵，對於有益的發怒也同樣重要。

認識自己的內在智慧，學習召喚它

智慧是自我慈悲另一個重要元素。心理學的其中一個分支「正向心理學」強調個人的強項，將智慧定義為「知識與經驗」及「審慎運用以提升福祉」[7]。正向心理學學者馬汀・塞利格曼（Martin Seligman）、克里斯多福・彼德森（Christopher Peterson），皆強調有智慧的人具有建立在自我反思之上的自我知識。藏傳佛教上師康卓仁波切表示：「人心基本上是慈悲的，但如果缺少智慧，慈悲就沒有辦法發揮作用。智慧是一種開放的態度，可以讓我們看清什麼才是必要的、什麼才是最有效的。」[8]

擁有智慧，表示你了解哪些事物是自己知道的、哪些是你不知道的。智慧提供你一套架構和指引，幫助你決定哪些事物長期而言對你最有益，讓你不受短時間產生的思緒或感覺影響而衝動行事。

學者透過腦成像技術研究人類的智慧，發現「新大腦」與「舊大腦」之間的互動[9]。在效果上，智慧可以活絡理性大腦與感性大腦，但是當理性大腦與感性大腦發生衝突時，理性大腦會勝出。

智慧可以將憤怒導向有益的狀態。你的智慧建立在由過去經驗累積而成的智庫中，讓你引以為鑒，決定哪些才是你真正心之所向。這種智慧會持續成長，研讀並練習本書提供的各種方法，則可讓你擴展智慧。另外，下一章將說明想像中的經驗也能幫助你汲取智慧。

自我慈悲如何運用於治療

克莉斯汀・聶夫指出：「如果要給予自己慈悲，首先必須認清自己正在受苦，因為我們沒有辦法治癒『感覺不到的創傷』。」[10]

想要認清自己的痛楚，就一定要練習正念、自我憐憫與自我覺察，因為這些練習可以幫助我們避免過度認同自己的思緒與感受。正如克莉絲汀・聶夫和其他研究自我慈悲的專家學者所言，當我們的情緒壓倒理智、蒙蔽我們對真實情況的認知時，就會發生「過度認同」

（over-identification）[11]的情況。

我以泰勒的例子來說明。他在工作上發生一些事，所以到我的班上來上課。他告訴班上的同學：

> 我的主管找我討論年度績效考核，他說我的整體表現是「普通」，並表示如果我能更常按時完成工作的話，考績會更好。他還覺得我應該要更有自信。我不敢相信他竟然說這種話，我沒想到他對我的評語竟是如此！我氣壞了，畢竟過去一整年來我非常努力工作，而且經常加班。所以我告訴我的主管，他不應該如此批評我。我花了十五分鐘解釋自己的立場，但是一點用也沒有，他不肯修改我的考績。最後我真的非常生氣，於是對他破口大罵，並告訴他，我要去找人事主管抱怨。

泰勒被各種複雜的情緒所糾結，其中當然包括失望和沮喪。但最重要的是，他覺得自己受到不公平的對待，因此理智被憤怒壓垮，忘了以自我慈悲來處理當下的感受，反而立刻動怒。隔天，泰勒的怒氣變得更加嚴重，因為他的主管要求他暫停上班兩天，並認為他應該參加憤怒管理課程。

我們可能會對沮喪、焦慮、羞愧、內疚及其他的負面情緒過度認同。當我們這麼做的時候，思維就會變得狹隘，無法容納可以幫助我們滿足需求或渴望的其他念頭，導致我們完全專注在憤怒上。

如果想要躲避苦痛，就必須努力一點。努力可以讓我們分心，不必專注在自己身上。很多人選擇逃避自己的感受，而非停下來注意並關心自己正在承受的苦痛。我們可能**知道**生活中有許多苦痛，但我們**覺得**自己不應該承受。我們可能**明白**人生不公平，卻仍**期望**得到公平。這些觀點會阻礙我們接納自己的經驗，迫使我們放大苦痛、緊抓著苦痛不放，進而加深自己受苦的感覺。

杜威是一位年輕爸爸，他因為經常對五歲的兒子伊根發脾氣，因此決定尋求幫助。杜威在他第二個孩子出生之後就愈來愈常動怒，迄今已經三年。他回想自己與妻子和長子伊根之間的互動：

> 伊根不聽我的話，我太太也不管他。我和我太太在管教孩子這方面有不同的看法，她比我寬容。我一再提醒伊根要收好自己的玩具，可是他不理我，我太太看到這種情況也不生氣。後來我太太又提醒伊根好多次，最後伊根才肯把玩具收好。

透過這本書提供的練習，杜威明白他對伊根的憤怒有許多來源：伊根不聽他的話，讓他覺得自己沒用，另外，他也覺得妻子沒有給予他應得的尊重。在他兩個孩子陸續出生之後，杜威與妻子的關係漸漸疏離，他在許多方面覺得自己遭到忽視。雖然他很愛兩個孩子，但同時也對這兩個孩子心存怨懟。

除此之外，杜威對伊根的憤怒，有一部分來自他對他父親的心態。杜威從小懼怕父親。

「每次我父親叫我做事，我都會害怕得跳起來。我非常聽他的話，因為我擔心如果不照著他的意思去做，我就會被他處罰。但是伊根一點也不怕我。」

杜威一直沒有面對他父親對他造成的創傷，並認為這種管教方式是必要且有效的，導致他不知道應該去關心和疼愛自己的孩子。

透過自我慈悲的練習，杜威已經清楚認識自己沉睡多年的感受，隨後也找出了解決他心靈受創及暴躁易怒等問題的方法。

●

我們已經探索過自我慈悲的組成元素以及它與正念的關係，還有對於練習有益憤怒的助益。以下章節提供的練習，都整合了正念思考、自我慈悲及自我覺察的技巧。

進一步思考

1. 如果你對於慈悲或自我慈悲感到不適應，可能會阻礙你練習有益的憤怒。認知自己對慈悲與自我慈悲的真實感受是非常重要的，我鼓勵你試試以下和「慈悲」有關的練習：

看看「慈悲」這個字，感覺一下，它讓你產生什麼樣的思緒、感受或想像？比方說，你可能會想到別人對你慈悲、你給予別人慈悲，或者你觀察慈悲的經歷，但你也可能腦子一片空白。請你想著「慈悲」，然後細察自己有什麼樣的身體感知，尤其留意自己是否以負面角度看待它。你是否發現自己有任何不適應，或者想逃避這種感覺？你有沒有發現自己在情緒或身體方面因為煩躁嫌惡而產生退縮？

這種不舒服的感覺可能是來自「兒童邏輯」，兒童邏輯會讓你覺得自己不需要慈悲。更重要的是，由於過度受到自我厭惡的影響，兒童邏輯可能會讓你覺得自己不配受到關心與憐愛。如果你害怕回憶自己人生中得不到慈悲的痛苦時刻，甚至可能會因此排斥慈悲。假如你想跨越這種感受，就必須依靠慈悲的協助。

- **你曾經接收過哪些與受苦有關的直接訊息與間接訊息（請參見第一章）？**

- 你曾經接收過哪些與慈悲有關的直接訊息與間接訊息（請參見第一章）？
- 請指出你表現自我慈悲的經驗。你在過程中有什麼想法？你對結果有什麼感覺？

2. 請繼續思考：憤怒可以解讀為一種自我慈悲的嘗試，但如果是有害的憤怒，就會變成扭曲的自我慈悲。這項關於憤怒的描述是否正確呢？請想想看。

注解

1 Gilbert, *Compassion Focused Therapy*.

2 P. Gilbert, "Evolved Minds and Compassion in the Therapeutic Relationship," in *The Therapeutic Relationship in the Cognitive Behavioral Psychotherapies*, ed. P. Gilbert and R. Leahy (London: Routledge, 2007), 106–142.

3 C. Germer, *The Mindful Path to Self-Compassion* (New York: Guilford Press, 2009), 33.

4 Ibid.

5 K. Neff, *Self-Compassion* (New York: HarperCollins, 2011). 中文版：《寬容，讓自己更好：接受不完美的心理練習》，克莉絲汀・聶夫著，錢基蓮譯，遠見天下文化，二〇一三年出版。

6 K. Neff, "Self- Compassion: An Alternative Conceptualization of a Healthier Attitude toward Oneself," *Self and Identity* 2 (2003): 85–102.

7 C. Peterson and M. Seligman, *Character Strengths and Virtues* (New York: Oxford University Press, 2004), 106.

8 J. Khandro Rinpoche, "Lion's Roar: Buddhist Wisdom for Our Time," at www.lionsroar.com/?s=compassion+and+wisdom.

9 D. V. Jeste and J. C. Harris, "Wisdom: A Neuroscience Perspective," *JAMA* 14 (2010): 1602–1603.

10 Neff, *Self-Compassion*, 80. 中文版同第五條注釋。

11 Ibid., 83.

Part II

透過正念與自我慈悲克服有害的憤怒

憤怒在某種程度上可分散觸發事件造成的不適感……能夠讓你不致過度專注於自己的思維與感受，可避免自我反思產生的痛苦。

因為，當我們專注於自己的思維時，會發現有些想法令我們感到尷尬，有些想法甚至沒有意義……如果你不花時間寫憤怒日誌，就無法以充分的正念面對那些隱藏在憤怒背後的需求、渴望、思緒與感受之間的互動。練習有益的憤怒不僅改變你的行為，還可讓你發展全新的態度來面對憤怒。

第五章

培養自我慈悲

要培養自我慈悲，必須先認清你和自己的關係，而且要有正念的態度和反映自我慈悲的行為。本書的練習可以幫助你選擇以自我慈悲的方式學習有益的憤怒。

你其實一直都是你自己的家長，你是如何教養自己的？

要做到自我慈悲，你必須隨時注意你對自己的態度。

1. 當你犯錯或未能達到自己的期許時，你如何看待自己？
2. 你如何向自己說明發生在你身上的苦痛，以及那些助長苦痛或伴隨而生的感受？你通常如何解讀自己的感受？

3. 你如何評斷身體的疼痛？你如何照顧自己的身體？
4. 你是你自己的好朋友嗎？
5. 你如何鼓勵自己達成目標？你在激勵自己時會說什麼？用什麼樣的語調說？

在你這一生中，你是如何教養自己的？這個問題乍聽之下很怪，但其實你很早開始就一直是「自己的家長」，自己教養自己。雖然童年時期，你的雙親或其他人會負責教養你，但你也同時是自己的父母。你從小就會發展一種內在的聲音：**權威之聲**。這種聲音會告訴你你對別人及世界該抱有哪些期望，最重要的，也會告訴你對自己該有哪些期望。

由於你當時年紀還小，因此會專注地聆聽這個聲音，有時候甚至自己也沒有意識到這點。這個聲音會從各方面指導你的日常決策及行為：

- 它塑造了當時的你、現在的你，以及你將來希望成為的模樣。
- 它會在你達成或未達成自己的期許時塑造你對自己的態度。
- 它對你與自己的關係深具影響。

那麼，你的權威之聲是什麼樣子的？它是慈悲還是嚴格的聲音？如果你一直是一個充滿慈悲心的人，你與自己的關係會反映第四章討論的特質。如果你一直以嚴格的態度對待自己，你可能已經對生活中的苦痛感到麻木。就像許多嚴格父母所管教出來的孩子，你在人際關係中可能會比較缺乏信任感，不僅會為自己設定不合理的目標，還會拿自己的成就與別人比較，忘了應該對自己的成就感到滿足。

嚴格的心態會讓你感覺到自己的不足。因此你在人際關係中可能常陷入競爭。嚴格的心態經常導致你對掌控主導權的渴求，這是一種謹慎的防禦方式，避免自己覺得比別人差。你心裡的嚴格之聲可能甚至會將自我同情變成自我可憐。

對你的憤怒經驗給予慈悲

練習自我慈悲可幫助你安撫自己的情緒，就像父母親安撫情緒不佳的孩子。這需要你對憤怒經驗的每個面向都給予慈悲，包括你的需求、渴望、期待、假設、負面感受、身體反應與腦中圖像。廣泛的自我慈悲意謂認同自己經驗裡的每個元素，並對自己抱著同理心與同情心。

認同

具慈悲心的父母會傾聽並認同孩子的感受，而且不予矯正、否認或蔑視這些感覺。這可讓我們長大之後充分接納自己的感受，不加批評也不迴避。

同理心、同情心與慈悲心

對別人產生同理心，必須先感受別人的感覺；對自己產生同理心，則必須認清並辨識自己的感受。

相反的，同情心是關心他人感受，並且希望他們擁有美好快樂的人生。自我慈悲則是以這種態度關心自己。

同理心與同情心可以幫助你見證並感知苦痛。覺知自己的感受並產生同理心，可化為一種修正過的感知。這是你可能從來不曾體驗的認同感，能幫助你度過痛苦的難關[1]。

展現自我慈悲的智慧

智慧是自我慈悲當中的「自我撫慰」（self-soothing），另外，尚有以下特質：

- 能讓你感覺到支持你且能引導你的想法。
- 能檢視兒童邏輯在現實生活中的可行性。
- 能提醒你每個人都會犯錯，而且犯錯可以幫助學習與成長。
- 能在你思考結論時幫你考量其他可能性，並且調整你的期待。
- 除了來自你過往的經驗與觀察，也來自正念的自我覺察。

為了培養自我慈悲的智慧，你需要選擇一個可以用慈悲來指導和評斷你的「權威之聲」。慈悲焦點理論提供各種不同練習，幫助你達成這個目標。

慈悲焦點理論及具有慈悲心的自我

從慈悲焦點理論衍生的練習，起源於下列研究結果：慈悲的感受與思緒會影響你的身體，讓身體產生安全、平靜、連結及關懷的感覺[2]。其中一部分的原因是由於荷爾蒙催產素釋放，阻止憤怒的激發。催產素還可以減少壓力與煩躁[3]。比方說，愛侶之間的身體接觸會增加催產素釋放，讓他們產生親密感[4]。催產素也可提升信任感[5]。

此外，研究人員還利用神經成像的方式，找出我們以正念對自己或他人表達慈悲時的大腦活化區。其中一項研究找來兩群受試者，分別告訴他們不同的情境，要求他們想像對自己嚴加批判或予以寬慰[6]。結果發現寬慰自己的受試者，大腦受刺激的區域與對他人表現慈悲和同理心時的大腦活化區相同。

最近還有研究結果顯示，慈悲之心可以活化迷走神經，讓人感到平靜[7,8]。迷走神經從脊柱頂部一路延伸至胸腔、腹腔和骨盆裡的各種器官，可以協調呼吸、心跳與消化，促進內在的安全和寧靜，並降低威脅造成的緊張和憤怒等負面感受。

借助圖像的力量

圖像化是一種視覺感知能力，無論真實或想像，都有助情緒和身體健康。在腦中觀看圖像，感受其細部內容，是放鬆練習及壓力管理的主要方法[9]。

每個人圖像化的能力不同，這種能力有賴一輩子的練習（如果想要提升這種技能，請參見本章結尾「進一步思考」第二項。）許多人每天都在進行圖像化練習，但有時候他們自己也沒有意識到這一點。我們可能偶爾會想像自己未來的生活，抑或回想自己過去的歲月。我們也可以幻想自己不同的模樣。

我們可以利用圖像化的技巧擴展自我慈悲。想像過往與嶄新的慈悲經驗，可以幫助你將這種想像變成連結自我的主力。喚起過往的慈悲經驗可以培養正念，讓你有意識地對自己與他人表達慈悲。請記得：圖像化並不代表在腦中看見清晰鮮明的圖像，腦中的圖像往往模糊且短暫。

實地練習培養自我慈悲

以下練習可以幫助你找到具慈悲心的自我，並擴大這個自我。第一次練習時，你可能會覺得不太舒服，但你隨時可以休息、練習放鬆，或利用圖像化的方式想像你的「平靜角落」（這些練習方法請參閱第六章），等到你覺得舒服一些，再回來繼續練習。

在每項練習開始之前，請先花幾分鐘的時間進行正念呼吸，你將立即擴展觀察能力，並完全表現在你的感知上。

進一步練習1　與「具慈悲心的自我」連結，並加以拓展

第一項練習是由慈悲焦點治療的初創人保羅．吉伯特提出[10]。

請找一個可以安靜舒服地坐下來而且不受打擾的地方，你也可以依自己的意思閉上雙眼。

回想一下你對自己或他人展現慈悲的經歷，並將其圖像化。如果你想不起那種時刻，請想像自己表現慈悲的模樣。

讓這種經驗在你腦中活躍，以正念觀察，細細品味其中各個部分。留意你在表達慈悲時的臉部表情、說話語調、舉手投足，以及內心平靜。想像並感受自己臉部放鬆，並在你想像自己表現慈悲時，全然體會身體的感知。請觀察自己的呼吸，在你表現慈悲時，感受呼吸如何在胸腔裡流動。

這一刻，你正在與自己能表現慈悲的部分產生連結——也就是你溫暖、呵護、仁慈、聰明且不具批判性的那一面。花幾分鐘體會，然後再慢慢張開眼睛。

進一步練習2 接受慈悲並激發具有慈悲心的自己

這項練習是根據保羅．吉伯特定義的原則，我經常請我的客戶練習。

首先，想一想你曾觀察過哪些表達慈悲的例子。可以是你生活中的實例，也可以取材自電影、書籍或新聞。可以是宗教或精神領袖，例如達賴喇嘛，或《星際大戰》裡充滿智慧的絕地武士尤達大師，抑或最有愛心也最寬容的上帝。你甚至可以從卡通或漫畫中回溯慈悲的動物或人物。

請試著回想某個強烈展現慈悲特質的人物。舉例來說，我記得我七年級的社會課老師，他經常在下課後找時間與學生討論課業、時事或我們想討論的任何問題。我最記得他溫柔、開放且不具批判的態度。我也記得某個我認為在電影中最富慈悲心的角色——《梅崗城故事》裡由葛雷哥萊．畢克飾演的亞惕．芬鶲，他始終展現出無懼的慈悲之情，無論對他的孩子或周圍的人們，尤其是對一位被誣告強暴白人女性的黑人。芬鶲在法庭上為這名黑人辯護，而且表現出色。

現在，請你找一個可以坐下來且不受打擾的地方，如果你覺得閉起雙眼會比較舒服，也可輕輕閉上眼睛。

想像自己坐在一個圓圈裡，圍著圓圈而坐的人們都是你剛才想到的慈悲之人。請慢慢環顧圍繞四周的人，留意每個人的臉部表情。

注意這些人眼中散發的溫暖或臉上放鬆的表情，觀察他們的姿態與舉動。請找一找他們身上具體的慈悲特質，那些特質就是你將他們納入這個群體的理由，也許是仁慈、聰慧、自信、不批評別人，或者是你與他們之間的連結感。

現在，請想像具慈悲心的自己，照著前一項練習再做一次，花點時間細細品味這種感知，然後再次留意自己展現慈悲的姿態、表情及身體感知，尤其注意你的呼吸，以及呼吸時胸腔裡的感覺。

將注意力重新轉回周圍的人，想像他們對你展現慈悲。以正念想像自己接收每位成員向你表達的慈悲——他們可能透過簡單的臉部表情和肢體動作，或者透過話語來傳達慈悲之意。請留意他們說話的聲音。你也可以想像他們走到你身旁，透過擁抱或握手來向你展現心意。

想像他們的慈悲心是朝著你投射的正能量，與你自己的慈悲能量合而為一。想像自己透過吸氣的過程將這些慈悲能量吸進體內，感受這能量滲入你的核心、進入心臟與頭腦，進而蔓延全身。專心將他們的慈悲變成你自己的一部分，讓他們的慈悲幫助你成為你希望變成的人。靜靜感受這種體驗。

靜坐一會兒，感受平靜、溫暖與活力流過全身。這就是散發慈悲以及與具慈悲心的自我產生連結的感受。你已經喚醒可表達仁慈、同理心、同情心、智慧的那個自己，而且與自己及別人產生強大的連結。請花幾分鐘的時間好好體會這種感受，然後再慢慢睜開雙眼。

我的客戶認為這項練習非常有用，能幫助他們對特定方面的慈悲心提升正念，並讓他們找回具慈悲心的自己。他們認為這項練習可以將平靜感與安全感灌注於心中，使他們不再懼怕憤怒的感受，也不再壓抑怒氣。平靜感與安全感取代了威脅感，也讓智慧主導思緒與行為，而非情緒。

雖然這個練習非常正面，但有些人會感到不自在，因為練習過程中會有強烈的失落感，以及因渴望慈悲帶來的挫折感。所以在開始練習前，最好先讓自己放鬆。另外要提醒你一點：如果你覺得非常不自在，練習時可能要找治療師幫助你。

進一步練習3　準備扮演具有慈悲心的父母

大部分人都有過演戲的經驗，無論是童年時的遊戲，或是在學校裡參與戲劇公演。我們利用自己的知識、經驗、移情作用和智慧，想像並表現出他人的模樣。

就像其他練習一樣，請找一個可以舒服坐下而且不受干擾的地方。想像自己準備參與戲劇演出，扮演具有慈悲心的父母。你在整齣戲中必須一直向孩子表達慈悲之情，而你的孩子會不斷與你分享強烈的痛苦情緒。

想一想，你可以根據哪些人做為演出時的範本。請激發你的自我慈悲來演出這個角色。你可以採用前面練習過的例子，並辨識哪些才是適合具慈悲心的父母該說的台詞、該有的態度、該表現的行為。無論你是否已經為人父母，請以正念參考以往的經歷，回想具慈悲心的父母應該有哪些特質，然後慢慢睜開你的眼睛。

你在扮演這個角色的時候舒服嗎？你是否對自己感到吃驚？你在表達慈悲時表現出什麼特質？這項練習是否幫助你成功連結具有慈悲心的自己？你是否想要修正孩子的想法？你有沒有辦法在孩子經歷苦痛時靜靜陪伴在他們身邊？

有沒有任何想法阻撓你扮演這個角色？如果可以的話，請在練習過程中以正念承認這些想法，並將注意力輕輕轉回圖像化練習。

進一步練習4 從老後的自己的角度來想像你是什麼模樣

這項練習經常讓人會心一笑，但有時也會帶來些許不適應。它可以讓你快速轉變觀點，以更富正念的新角度看待人事物。

請想像自己已經九十歲，擁有人生各種體驗與智慧。創造出一個老年的自己，一個你可以不斷重覆想像的樣子——想像自己是包容、聰明、有教養且溫暖的人。

如此反覆練習之後，你就能奠定擁有各項自我慈悲特質的形象。只要愈常回想這種形象，每當面對使你發怒或萌生負面情緒的苦痛時，就愈能夠自我慈悲。

本章提供一些幫助你喚醒並強化自我慈悲能力的方法，第十一章則會告訴你如何在發怒時持續保有這些能力。

進一步思考

1. 我想鼓勵你完成你自己的「自我慈悲庫存」，以決定你的自我慈悲底線。所謂的自我慈悲庫存，是由心理學家克莉絲汀．聶夫所創，你可以在她的網頁http://self-compassion.org上完成自我慈悲庫存，並且在培養自我慈悲的過程中定期完成。
2. 圖像化的能力有賴練習來提升，這項新發現是哈佛大學的心理學家雪莉．卡森（Shelley Carson）在她內容豐富的鉅作《你的創意大腦》（*Your Creative Brain*）[11]中提出的。請嘗試以下的練習，其中部分是參考卡森在該書提到的內容。想像一下，你贏得一間可俯瞰紐約中央公園的百坪豪宅，但屋內完全沒有家具與裝潢，只有空蕩蕩的內牆。請你在接下來八個星期內，每天花十五分鐘想像自己如何設計這間新房子，包括家具如何擺放、牆壁要粉刷成哪種顏色。這個有趣又具挑戰性的練習會快速提升你的圖像化能力，而且保證讓你大吃一驚。

3. 對自我慈悲感到不自在，是強化自我慈悲過程中的主要障礙。因此你不妨花一點時間回顧自己在練習本章內容時的不適。你能否辨識任何讓你不舒服的思緒或感受？花一點時間進行正念呼吸，刻意回想那些負面思緒，然後再回到正念呼吸。或者，你也可以寫下那些考驗你的念頭，如果可以的話，想想還有哪些強化自我慈悲的方式。接下來的章節將介紹更多方法協助你因應不適感。

注解

1 D. Siegel, *The Mindful Brain: Reflections and Attunement in the Cultivation of Well-Being* (New York: W. W. Norton, 2007). 中文版：《喜悅的腦：大腦神經學與冥想的整合運用》，丹尼爾．席格著，李淑珺譯，心靈工坊，二〇一一年出版。

2 Gilbert, *Compassion Focused Therapy*.

3 C. Carter, "Neuroendocrine Perspectives on Social Attachment and Love," *Psychoneuroendocrinology* 23 (1998): 779–818.

4 K. Grewen, S. Girdler, J. Amico, and K. C. Light, "Effects of Partner Support on Resting Oxytocin, Cortisol, Norepinephrine, and Blood Pressure before and after Warm Partner Contact," *Psychosomatic Medicine* 67, no. 4 (2005): 531–538.

5 M. Kosfeld, M. Heinrichs, P. J. Zak, et al., "Oxytocin Increases Trust in Humans," *Nature* 435 (2005): 673–676.

6 O. Longe, F. Maratos, P. Gilbert, et al., "Having a Word with Yourself: Neural Correlates of Self- Criticism and Self-Reassurance," *NeuroImage* 49 (2010): 1849–1856.

7 D. Keltner, "Secrets of the Vagus Nerve," at www.greatergood.berkeley.edu/gg_live/science_meaningful_life_videos/speakers/dacher_keltner/secrets_of_the_vagus_nerve.

8 S. W. Porges, *The Polyvagal Theory* (New York: W. W. Norton, 2011), 16.

9 J. Smith, *Relaxation, Meditation, and Mindfulness* (New York: Springer, 2005).

10 Gilbert, *Compassion Focused Therapy*, 160.

11 S. Carson, *Your Creative Brain* (New York: Jossey- Bass, 2012).

第六章
對身體練習正念與自我慈悲

我們的身體是情緒和感覺的來源。心理分析師愛麗絲・米勒（Alice Miller）表示：**就算我們忽略身體發出的訊息，那些訊息仍希望被聽見**[1]。

你的身體會讓你貼近或遠離某些經驗，無論那種感知來自你內在或外部。敏銳地調適身體，可幫助你覺察自己的感受、需求與渴望。這種調適有助於滿足第一章提到的三種驅動力，包括：尋求並維持安全感、找到溫暖與連結，以及努力實現目標。

如果你缺乏對身體的認知，就會與真正的自我失去聯繫，與真實的感受失去連結，無法辨識對自己最有意義的驅動力和渴望，以致更容易受憤怒影響。

身體覺察是通往情緒覺察的途徑

「身體覺察」是指對自己的生理狀態表達善意與關切，無論你覺得健康或不舒服。傾聽身體的聲音，可讓你扎實連結於這些體驗，冷靜觀察，而非僅止於對它做出反應。這種傾聽能力對於有益憤怒的練習非常重要。

每一個人對身體感知的接受度不同，因此可能不易發現自己身體對憤怒的反應。這種正念有賴熟悉特定感官的確切特質及所在位置。你必須真心傾聽身體發出的憤怒訊息：有些人會敏銳意識到滲透全身的緊張感，有些人手臂、臉部或胸口會感到特別緊繃，還有一些人會馬上心跳變快、呼吸加速。

你發怒時，可能會覺得自己呼吸急促，臉部或手臂發燙，或者滿臉通紅。你也可能一直冒汗。許多人會忽視這些感覺，除非有人提醒他們，但這些隨著憤怒而生的反應很常見。

不要覺得奇怪，有些人確實會忽略自己的身體反應，就像他們忽略自己的情緒一樣，兩者都是因為壓抑了自我反思與自我覺察。我們在成長過程中學會忽略自己的感受，漠視身體的不適感。我們可能覺得忍受苦痛就表示個性堅強，而這種觀念可能是從父母或兄弟姊妹身上學習而來，或是來自電影電視中的英雄角色。無論男女都可能有這種想法。

許多人從不理會身體上的病痛症狀，除非病情愈來愈嚴重。有些人對自己的身體相當消極被動，就好像自認自己只是無力扭轉病症的觀察者。

在成長過程中，我經常發現父親的雙手與肩膀關節疼痛。我和哥哥建議他多運動，例如捏皮球。然而我們的鼓勵始終無法讓父親產生自我慈悲，他只是失望又冷漠地看著自己的雙手。從他的表情，我覺得他似乎把雙手和肩膀視為他無法控制的身體部位，就好像這些身體部位都是別人的。可悲的是，許多人都是這樣看待自己的身體。

以有益憤怒為目標，抱著正念看待自己的身體，意謂在緊張或苦痛形成之際，就立即加以辨識，如此一來，可提升自我覺察，有助瓦解長期困擾你的憤怒課題。

本章的練習可幫助你提升對身體的覺察力，你可以先練習一部分，動怒時再練習另外一部分。大部分人在一開始練習時最好先找人指導，也可以聆聽指導ＣＤ或從網路上取得指導練習的影音檔（請見本書最後的「參考資料」）。

以舒服的方式進行練習，可以讓你充滿能量，並且更懂自我慈悲。

進一步練習1　身體掃描

這項練習將教你對自己的健康表達關切，慢慢把注意力轉移到全身。這項練習的內容包含了「正念減壓課程」創辦人喬·卡巴金[2]和《自我慈悲的正念之道》（*The Mindful*

Path to Self-Compassion）作者暨心理學家克里斯多夫・傑墨爾[3]所研究開發的要素。

請換上寬鬆舒適的衣服，找一個安靜舒服不受打擾的地方。你可以躺在床上、地毯上或瑜伽墊上，然後輕輕閉上雙眼。

花幾分鐘練習正念呼吸。

現在請將注意力放在身體感知上。這個時候不是要你放輕鬆，而是要留心自己的各種感覺。當你吸氣與呼氣時，注意自己腹部肌肉的感覺，以及腹部的起伏。

請將焦點轉移到你身體接觸地板或床墊的壓力感，並讓注意力在這種感覺上停留一會兒。

觀察你腦中感知，注意力在此停留一會兒，然後專注於眼睛與太陽穴周圍的肌肉，不要動，感覺那些肌肉是放鬆或緊繃。你可以隨時將注意力移回呼吸，重新聚焦。

將注意力移到頭部兩側，聚焦於耳朵周圍，停留一會兒，然後把注意力放在上顎的肌肉，接著是下顎的肌肉，再慢慢留意鼻子、臉頰或嘴巴附近的感受。觀察你嘴裡、喉嚨或舌頭上的感覺。每次觀察時，請特別留意這些部位是緊繃或放鬆。空氣進出你的身體時，請再次留意呼吸的感覺。

慢慢將焦點轉移到脖子和肩膀，注意這些部位是放鬆或緊繃。聚焦於上臂，包括上臂的前側與後側，讓注意力停留一會兒。然後審視你的前臂，包括前臂的前側和後側。現在請專注於雙手——包括掌心、手背和手指，留意這些部位表面或內在的各種感覺。

慢慢掃視你的上背部，接著是下背部、胸部與腹部。讓注意力在每個部位停留一會兒，然後再觀察自己上半身、胸部或腹部的感受。每次呼氣與吸氣時，請再次留意腹部肌肉的運動。

將注意力向下移，注意你的下半身，包括正面與背面。再次留意這些部位表面和內部是放鬆或緊繃。

將注意力轉移到大腿，包括前側與後側，讓注意力在這裡停留一會兒，然後再移向小腿，包括前側與後側。

將注意焦點移至雙腿和腳趾，感覺這些部位的肌肉是緊繃或放鬆。請感受腳趾彼此觸碰的感覺。

審視完全身之後，請再次迅速全部掃視一次，這次要特別留意緊繃的部位，讓注意力在緊繃的部位多停留一會兒，留意這些部位有什麼感覺、是哪些部位，以及緊繃的強度。

最後再花一點時間練習正念呼吸。

全天候的身體覺察練習

你可以用各種「非正式」方式及本章描述的練習促進身體的正念與敏感度。

每天進行幾次**身體檢查**（boby check-in，簡單的身體掃描），而非全身審視，將可快速增進自己對身體的正念。我每天在早上十點左右、中午用餐時間、下午三點左右，以及睡覺前都會進行一次「身體檢查」。

只需要花一點點時間，暫停手邊的事情，深呼吸，掃視你的身體。留意緊繃的部位，尤其脖子和肩膀周圍。花一點時間探索並辨識身體透過這種緊繃感向你傳送的訊息。

練習放鬆並提升身體的正念

進一步練習2 想像你的肌肉正在放鬆

自動放鬆身體的能力，是練習有益憤怒的基礎，可以幫助你自我反思，讓你的理性大腦更順利地評估現況，想辨法因應。

正念強調觀察的能力，但以下練習鼓勵你同時著重於參與和觀察。請在心情平靜時再進行練習，當成是為了發怒時的預先彩排。這項練習的效果強大，因為光靠想像肌肉放鬆，就能讓它們真正放鬆。漸漸地，你將愈來愈能覺察肌肉放鬆或緊繃的感覺。

想要在體育活動或演奏樂器上表現傑出，有賴專注於身體移動的方式。你必須分析自己的動作，並視需求進行調整。同樣的，這項練習也要求你敏銳覺察自己身體的變化。這項練習將創造「深層身體記憶」（visceral memory）這種身體認知，在每次練習後就會變得愈來愈容易，讓身體得到平靜的能力就會變成你的日常慣例。

請換上寬鬆舒適的衣服，找一個安靜的地方坐下或躺下，輕輕閉上眼睛，先花幾分鐘的時間進行正念呼吸。

想像並感覺前額的肌肉輕輕拉緊，然後放掉緊繃的感覺，彷彿肌肉纖維發出「啊啊啊」的吶喊聲。將注意力轉移到眼睛和太陽穴周圍的肌肉，想像並感覺它們拉緊再放鬆，再釋放掉緊繃的感覺。

現在，想像並感覺上顎肌肉輕輕拉緊，然後放鬆，釋放掉緊繃感。將注意力轉移到下顎，輕輕拉緊該部位的肌肉，然後想像並感覺它們放鬆，再放掉緊繃感。你甚至可以放低下巴，稍微左右動一動，以便進一步放鬆。

現在將注意力聚焦於頸部後方的肌肉，想像並感覺它們輕輕拉緊、放鬆並釋放緊繃感。想像並感覺肩膀上的肌肉輕輕拉緊、放鬆並放掉緊繃感。

專注於上臂的肌肉，包括前側與後側。想像並感覺它們輕輕拉緊，然後想像並感覺它們放鬆並釋放緊繃感。藉著想像與感覺，讓前臂前側與後側的肌肉輕輕拉緊，然後放鬆以釋放緊繃感。

現在想像並感覺雙手和手指的細微肌肉輕輕拉緊、放鬆及釋放緊繃感。

想像並感覺上背部的肌肉輕輕拉緊、放鬆及釋放緊繃感。想像並感覺下背部的肌肉輕輕拉緊、放鬆及釋放緊繃感。

想像並感覺胸部的肌肉輕輕拉緊、放鬆及釋放緊繃感。現在想像並感覺腹部的肌肉輕輕拉緊、放鬆及釋放緊繃感。

想像並感覺下軀幹正面與背面的肌肉輕輕拉緊、放鬆及釋放緊繃感。

想像並感覺大腿前側與後側的肌肉輕輕拉緊、放鬆及釋放緊繃感。

想像並感覺小腿前側與後側的肌肉輕輕拉緊、放鬆及釋放緊繃感。

想像並感覺雙腳和腳趾的細微肌肉輕輕拉緊、放鬆並釋放緊繃感。

請再次掃視你的身體，以正念感受特別緊繃的部位。將注意力集中在那些部位，想像自己的注意力宛如一顆放進熱茶裡的方糖，慢慢溶解消失，讓身體每個部位都保持全然平靜。

現在，為了認知自己是如此平靜，請將注意力轉移到額頭的肌肉，留意它們如此放鬆。審視雙眼及太陽穴周圍的肌肉，注意它們如此放鬆。注意下巴的肌肉，感覺它們如此放鬆。留意頸後的肌肉和肩膀的肌肉如此輕鬆。注意上臂前後側的肌肉，感覺它們如此放鬆。注意下臂前後側的肌肉，感覺它們如此放鬆。觀察雙手和手指的細微肌肉，感覺它們如此放鬆。注意上背部與下背部的肌肉如此放鬆。觀察胸部和腹部的肌肉，感受它們如此放鬆。注意下半身的肌肉如此放鬆。注意大腿前側和後側的肌肉，以及它們的放鬆感。留意你小腿的肌肉感覺如此放鬆。最後，請注意你雙腿和腳趾的細微肌肉，感覺它們如此放鬆。

在這一刻，你全身上下已經完全放鬆。你的身體可能會比剛開始練習的時候感覺更溫暖一些，也更沉重一些，這就是完全放鬆的感覺。請以正念感受它。

回想一下，你進行這項練習時是否感到任何不適？有些人在如此放鬆的情況下反而會緊張，有些人則會覺得不自在。如果你屬於A型人格*，急著想達成目標，可能就會有這種感

---

* 一九五九年，美國心臟病學家梅耶・佛雷曼（Meyer Friedman）、雷・羅森曼（Ray Rosenman）提出A型人格、B型人格與心臟病發病的關聯。A型人格較急躁、好勝、積極，B型人格較有耐心、步調緩慢、喜拖延。

覺。你可能會非常在意自己花多少時間，認為坐著不動是浪費光陰。我們不難理解，這種想法會讓你感受到強烈的緊繃感。

有些在這項練習遇上困難的人，人生中常會有緊繃感，這可能是因為他們的身體或情感曾受過傷。受過身體或情感傷害的人，比較容易感受到威脅。我們不難理解他們會抵抗放鬆的感覺，因為他們認為只要放下防衛，就會再次受傷。

我經常將這種持續性的憂慮狀態稱為「土撥鼠節症候群」。這個名稱並沒有經過任何專業團體的診斷或認可，但土撥鼠以後腿站立，留心風吹草動的模樣，可充分表達這種傾向。

我的朋友約翰曾分享一些經驗，我覺得神似土撥鼠症候群的症狀。約翰是一名推拿師，受過專業訓練，以推拿治療及替代性藥物提供醫療保健服務。他會治療神經肌肉骨骼相關病症，例如影響脊柱和關節的結締組織疾病。約翰經常在辦公室裡播放音樂，但某些客戶會要求他關掉音樂，而且情況不算少，因為那些人覺得背景音樂讓他們過於放鬆，反而不舒服。有些客戶甚至會在放鬆狀態開始哭泣。

透過身體治療來處理情緒問題的治療師相當清楚身體如何影響思緒和感覺，而且我們經常在不自覺的情況下受到影響。對於自我慈悲感到不自在，也可能導致我們在練習放鬆的過程中感到緊張。愈常練習培養自我慈悲，對於放鬆身體的態度就會變得愈開放。

進一步練習3　漸進式的放鬆

麻薩諸塞州綜合醫院班森亨利身心健康研究所（Benson-Henry Institute for Mind Body Medicine）的心臟科醫師暨創辦人修伯特．班森（Herbert Benson）開發出一套漸進式的肌肉放鬆法，成為最受推崇的身體平靜法之一[4]。這套方法的內容包括交替拉緊與放鬆肌肉群，以下練習就是採行這種方式。

這項練習可提升你區分放鬆與緊繃肌肉的能力，幫助你以正念感受肌肉從放鬆變緊繃的過程，以及從緊繃變放鬆的過程。正念是自我慈悲的一種觀點，可協助你留意肌肉的微妙變化，尤其是在發怒過程中身體逐漸緊繃的感覺。

請找一個可以讓你舒適靜坐十五分鐘左右而不受打擾的地方。選擇有扶手的椅子，對這項練習更有幫助。請重覆以下步驟三次。

拉緊你眼睛周圍的肌肉，讓它們維持緊繃一會兒（戴隱形眼鏡時請勿進行這個步驟），留意並感受緊繃的肌肉。現在將肌肉慢慢放鬆，以正念感受肌肉逐漸放鬆的感覺，並使其完全放鬆。

現在請咬緊牙齒，做這個動作時請觀察下巴肌肉拉緊的感覺。在口中以舌頭頂住口腔上端，維持這個動作幾秒鐘，然後慢慢將舌頭放下。在觀察肌肉放鬆的感覺時，請慢慢鬆開下顎。

抬起肩膀，讓肩膀盡量貼近耳朵，維持這個姿勢幾秒鐘，專注肩膀的緊繃感。然後將肩膀慢慢放低，留意它們變得多麼輕鬆。你可以將肩膀垂到略低於原本的位置，讓它們更為放鬆。

將手肘放在椅子的扶手上，用力繃緊上臂肌肉，留意這種緊繃感。維持這種姿勢幾秒鐘，然後再將肌肉放鬆。

將前臂放在椅子的扶手上，觀察這種動作產生的緊繃感，維持幾秒鐘，然後放鬆並留意這種感覺。

現在請緊握拳頭，注意雙手和手指肌肉的緊繃感。維持這種姿勢幾秒鐘，然後慢慢打開雙手和手指，注意肌肉放鬆的感覺。

縮緊腹部，宛如試圖將肚臍貼近脊柱。留意這種緊繃感，然後在逐漸放鬆的過程中注意腹部肌肉的感受。

繃緊下半身肌肉，固定這種姿勢幾秒鐘，並留意肌肉的緊繃感，然後放鬆，觀察肌肉放鬆的感覺。

坐直身子，雙腳腳底平貼於地板，雙膝靠攏，大腿繃緊。維持這種姿勢，然後在逐漸放鬆的過程中注意這些部位開始變得輕鬆。

伸直雙腿於前方，讓腳跟貼在地板上。繃緊小腿後側的肌肉，將腳趾抬起、用力，往你的方向伸展，感覺肌肉的緊繃感，然後在放開時感受肌肉變得放鬆。

現在，雙腳往前方伸直，將腳趾往前指，感受腿部前側肌肉的緊繃感。維持這個姿勢幾秒鐘，然後放鬆。

最後，弓起腳趾，直到腳趾變緊繃，然後放鬆，注意腳趾的感受。

現在，將自己的身體從頭到腳掃視一遍，留意全身上下變得輕鬆許多。

進一步練習4 深呼吸

開始發怒時，呼吸會變得急促，這是因為你感受到威脅，所以身體產生緊繃感。呼吸急促是一種重要的提醒，讓你注意自己的身體。一旦你察知這種緊繃感，請開始進行正念呼吸，專注於深呼吸。這是一種非常有效的方法，讓你與自己的身體產生連結，並且迅速感覺平靜。

首先，緩慢地深吸一口氣，請特別專注在深呼吸的動作上，感受橫膈膜的振動。憋氣一秒鐘，想像肚臍貼近脊柱，再從肺部最深處吐氣，然後縮回腹部。慢慢進行三到四次，然後慢慢進行正念呼吸幾分鐘。

想傾聽憤怒告知你的訊息，深呼吸是最快的方法之一。

進一步練習5 你的「平靜角落」

這項練習可幫助你發揮想像，以產生平靜感和安全感。

請找一個可以舒服靜坐十五分鐘且不受打擾的地方。輕輕閉上眼睛。

請想像一個你曾去過或想去的地方，一個讓你感到安全、放鬆、平靜且滿足的地方。發揮你的想像力，想像自己在這個地方，並盡可能讓這個地方變得真實。你可能偶爾會分神，但是沒有關係，只要再把注意力拉回到你想像的地點即可。想像這個地方時，請觀察其顏色、光線和陰影。

注意周圍的空氣，請想像空氣拂過你臉頰和雙手的感覺。該處的空氣是乾燥還是潮溼？流動還是靜止？請讓這個地方變得愈真實愈好。這個讓你覺得安全又平靜的地方有沒有味道？深深吸一口氣，想像這個地方散發的氣味。

聆聽這個讓你覺得平靜的地方有什麼聲音。假如這個地方沒有聲音，請想像它的寧靜感。觀察這個地方有什麼東西，注意這些東西的顏色和形狀，並留意它們的輪廓。這些東西的輪廓線條是筆直還是彎曲？是圓形、方形、矩形還是不規則形？現在請你想像這些東西，並留意它們給你什麼感受。其中某個東西可能是光滑的，另一個東西則是粗糙的。仔細想像這個地方的每個角落。

現在請想像自己伸手觸摸這些東西，注意它們的顏色、質地、線條或曲線，用手感覺它們。這些就是讓這個地方變得平靜、安全、使人放鬆的東西。

如果你還沒有感受完畢，可在這個讓你覺得平靜又安全的地方坐下，然後將注意力從這個地方轉移到自己的身體。看著自己的胸口，留意自己的呼吸變得輕鬆。注意你臉部、頸部和肩膀的肌肉變得放鬆，並觀察你的手臂，但是不要動，只要注意它們的放鬆感。現在請留意你的腹部、手臂、雙手、軀幹和雙腿，以及它們感覺多麼放鬆。請好好享受這種輕鬆又安全的感覺。

把注意力轉回到讓你感覺平靜的地方，用你的各種感官去觀察這個地方，再次留意這個地方的顏色、形狀、空氣、氣味與聲音等各種讓你感覺安全且平靜的元素。想像幾分鐘之後，再慢慢睜開你的雙眼。

許多冥想方式都教人專注在讓自己感覺平靜的地方（請見本書最後的「參考資料」）。請找到一個可幫助你進行上述想像的地點。

圖像化的力量

你的身體會回應自己的想像，第五章的練習中已經清楚提到這一點。練習圖像化的能力可帶來強大的平靜效果，尤其是在發怒的時候。

舉例來說，如果一個粗心的駕駛突然把車子開到你前方，你可以想像那名駕駛的腦袋可能只有五歲小孩的心智。每次我只要這麼說，大家在想像時就會忍不住笑出來，起碼臉上會露出微笑。想像有趣的畫面會讓身體產生超越憤怒的反應，因為我們很難同時產生兩種情緒，而圖像化顯然可迅速阻擋憤怒加溫。

強烈的怒氣會讓你認為某些人很邪惡。這時請回想他們比較正向、慈愛、具慈悲心的一面，如此可以幫助你避免這種情況發生。這種方法不表示你必須否認或壓縮自己的憤怒，這麼做只是為了幫助自己以理性且具建設性的方法管理憤怒，讓自己重新以冷靜的態度思考別人行為背後的原因。

幾年前我有一位客戶，正是證明圖像化力量的好例子。瑞秋是獸醫，她在計畫多年之後，終於開設自己的診所，因此非常開心。然而她碰上一個大問題：每當她走進候診室，就會變得全身緊繃，原因不是那些等待看診的動物，而是飼主。她認為那些飼主苛刻又焦慮，而且自以為高高在上，有時甚至會出言不遜。

我建議她將那些飼主想像為缺乏耐性的小孩，他們因為寵物生病或受傷而擔心受怕。我告訴瑞秋，無論那些飼主手裡抱著的寵物是貓、狗、兔子或鸚鵡，他們因為情緒遭受威脅而完全以兒童邏輯進行思考。這種想像方式可幫助瑞秋產生同理心，讓她明白飼主的種種行為全出自一個理由：他們渴望心愛的寵物能馬上接受優質的照護。這種圖像化的方式可以有效帶來安全感與平靜感。

音樂的影響力

聽音樂是幫助你放鬆的另一種方法。這種方法也許無法像其他練習一樣深深撫慰人心，但學者已經發現聽音樂可降低體內的皮質醇[5]。雖然某些研究認為只有古典音樂有這種功效，然而你還是可以選擇聆聽讓自己最放鬆的音樂類型[6]。

音樂可以回應我們最深層的情緒，或者讓我們遠離那些情緒。有些人可以馬上感受音樂的影響力，有些人可能需要多做練習。

● 透過拓展身體的正念，可以更貼近並深刻覺察自己的感受與思維。在擴展正念時放鬆身體，能夠在靈活進行自我反思時得到你所需要的安全感。下一章描述的憤怒結構，將為這種自我反思提供指引。

進一步思考

1. 你在閱讀本章時有什麼感覺？本章的內容或練習有沒有讓你產生特殊的感受、思緒或身體反應？你是否覺得緊繃？你對於本章的建議是否抱有任何批判？你是否完成每一項練習？如果你沒有完成所有的練習，你在練習時對自己說什麼？你是否特別喜歡其中某些練習？如果答案是肯定的，原因是什麼？
2. 閱讀本章時，你是否遇上第二章提到的任何考驗？如果答案是肯定的，是哪些考驗？有沒有任何思緒阻撓你留意自己的身體？你是否太專注於自我，或者認為這些練習浪費你寶貴的時間？
3. 迅速發怒的頻率降低後，你可能會認為自己不必再優先考量這些練習。然而如果你想讓身體產生記憶，就必須不斷練習。假如你認為自己不需要這些練習，就無法鼓勵自己努力投入。

4. 以正念觀察這些技巧如何協助你管理負面情緒。無論你感知負面或正面情緒，都請專注在自己的身體上。

注解

1 A. Miller, *The Body Never Lies: The Lingering Effects of Cruel Parenting* (New York: W. W. Norton, 2005), 207. 中文版：《身體不說謊：再揭幸福童年的祕密》，愛麗絲・米勒著，林硯芬譯，心靈工坊，二〇一五年出版。

2 Williams et al., *Mindful Way through Depression.*

3 Germer, *Mindful Path to Self-Compassion*, 49.

4 H. Benson, *The Relaxation Response* (New York: Avon, 1976). 中文版：《心靈的治療力量》，赫伯・班森、瑪格・史達克著，平郁譯，高寶，二〇一〇年出版。

5 S. Khalfa, S. Dalla Bella, M. Roy, et al., "Effects of Relaxing Music on Salivary Cortisol Level after Psychological Stress," *Annals of the New York Academy of Sciences* 999 (2003): 374–376.

6 E. Labbe, N. Schmidt, J. Babin, and M. Pharr, "Coping with Stress: The Effectiveness of Different Types of Music," *Applied Psychophysiology and Biofeedback* 32, no. 3/4 (2007): 163–168.

第七章
認識憤怒的形成結構

同時練習正念與自我慈悲，可幫助我們減少對憤怒的反應、強化自主性、促進情緒敏感度、提升我們了解自身傷害的源頭，並提供安全感與有效溝通的指引[1]。這兩種技巧都能讓我們自由選擇如何因應憤怒。也有其他自我覺察技巧，可協助我們深入了解每種感知，提升有益憤怒的能力。

自我覺察的技巧將幫助你探索自己的憤怒與渴望、需求、期待之間的關係。這些技巧教你區分你的情緒，讓你學到如何以正念面對觸發憤怒的思緒、感受和反應。心理學家保羅・埃克曼（Paul Ekman）說：「要決定如何對某種情緒做出反應，必須在這種情緒出現時馬上注意到它，留意『開始燃燒之前的小火花』……也就是在開始行動前的衝動念頭。」[2]

本章的結構可幫助你發展這種認知能力，二十多年來我都會用這種結構當作模型，向我的客戶及研討會參與者解說[3]。

就像放大鏡可顯示肉眼看不到的小細節，這個結構也可揭露哪些事物可能是你的「小火花」。明白這一點之後，可以幫助你以正念減少輕易動怒的機會。

這個結構需要你發展出正念與自我慈悲的技能。然而，它不僅能讓你以正念面對發怒的瞬間，還可幫助你在一連串的片刻保持正念——面對自己的內在感知——並以正念看待這些感知的互動。

我打算從這一系列感知的終點開始說明，而非起點，終點就是你發怒的時刻。這麼做是因為憤怒的情緒感知最清楚也最容易辨識。

憤怒

許多人在描述自己憤怒事件時，會回答某個觸發事件令他們動怒。圖1可表示這類觸發事件的時間軸。

雖然大部分的人會如此回答，然而這個答案並未精確說明他們生氣時到底發生什麼事。真正的事件發生順序其實更複雜，因為在觸發事件發生前還有許多元素扮演關鍵性的角色，另外一些元素則會在觸發事件發生後立即影

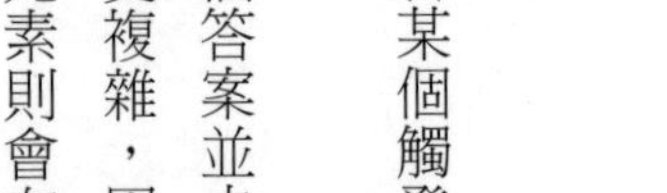

圖1

響我們的反應，還有一些元素在憤怒發生時會釋放最大的影響力。本書的「憤怒結構」可以幫助你辨識這些元素，以及這些元素在憤怒產生過程中扮演的角色。以下練習可協助你一一認識這些元素。

進一步練習 辨識引燃憤怒的要素

請找一個可以讓你舒服坐著而且不受打擾的地方。花幾分鐘練習正念呼吸，激發你的自我慈悲。在進行本項練習之前先做這些動作，會讓你的心境更開放，而且更關注自己的觀察力。

回想你最近生氣的情況，把當時的經過想像成「錄影畫面」，盡可能在腦中重播事件的所有細節，包括當時的場景、出現的人物、每個人的反應，以及自己的行為。這麼做是為了盡可能真實重現你的感覺，然而回想某些事會讓你覺得不舒服，因此在必要情況下，請選擇回想其他的事件。

想像那個場景中的物品，留意它們的顏色、形狀、質地和組成。如果場景中有人物出現，請回想他們的外表、服裝、身材、舉止與表情，以及說話時的內容和語氣。回想事件發生的時間，假如天氣與事件有關，也請回想一下天氣。你想像的畫面愈接近真實情況，就愈能強烈感受自己當時的身心狀態。

現在你已沉浸在當時的經歷中，請充分留意自己憤怒的感覺，並且為你的憤怒評分，一分表示最輕微，十分表示最激烈嚴重的憤怒。

身體反應

重播你的「錄影畫面」，然後暫停，回想自己在感覺憤怒但還沒做出任何反應的那一刻。慢慢將自己從頭到腳審視一遍，先暫停往下觀賞，先觀察自己在動怒之前及動怒過程中有哪些感受。

你的身體有什麼反應？肌肉是否感到緊繃？如果答案是肯定的，緊繃感出現在哪個部位？手臂、胸部、頸部，還是眼睛周圍？或者全身都覺得緊繃？你的體溫是否升高？有些人發怒時身體會變熱。你的呼吸有沒有變化？是否變得比平時急促或短淺？這些都是身體在憤怒之下最常見的反應。

你可能只感覺到些許程度的緊繃，因此無法辨識身體狀況的細節。也許你只記得自己的情緒變激動。圖2顯示到目前為止的發怒時間軸。

圖中的垂直雙向箭頭表示憤怒的感覺來自身體，而且這種感覺也會引

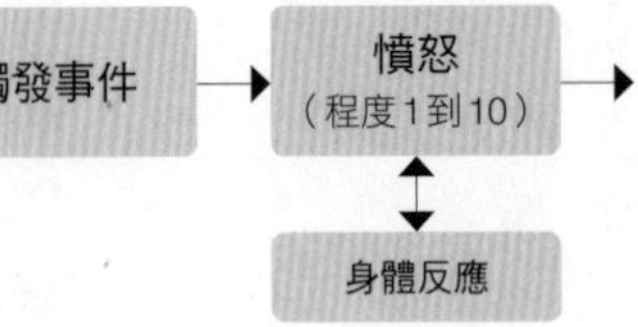

圖2

起生理知覺。換句話說你的身體反應會影響你的情緒，而情緒又會激發身體反應。正如第六章所探討的內容，辨識身體的感覺可以幫助你覺察自己的情緒。如果你對這種感覺抱持正念，就能懷著自我慈悲對情緒做出具有建設性的回應。

自我對談

現在，盡力回想你發怒時腦中有什麼想法（或心中的對話），這是你在憤怒過程中的**自我對談**（self-talk），但不一定是為了宣洩怒氣而大聲說出的話語。你的思緒可能包括完整的句子，或者只有簡單的片語或單字。比方說，你可能會想著：「該死！」「我偏要做給你看！」「我絕對不放過你！」「我不敢相信發生這種事！」或者「太不公平了！」圖3的時間軸加上了這項元素。

在心中默想你在發怒時對自己說的話，是另一種正念練習。比方說，你的好友把你的祕密告訴別人，讓你非常生氣。你發怒時，可能會想到：「混蛋！」「算什麼朋友！」「我一定要報復。」或者「我受夠了！」

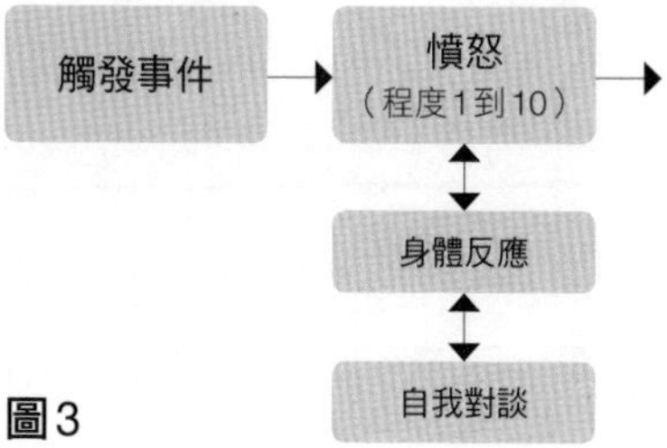

圖3

在發怒時進行自我對話可能會加劇你的緊繃感，也可能幫助你冷靜下來。練習有益的憤怒與自我慈悲，意謂去了解此刻的想法是否可緩解苦痛或者讓你變得更痛苦。以正念看待這些想法，你就會明白自己可以依喜好選擇自我對談的方式。你在練習和自己平靜對話時，將可以慢慢變得更加專注。

影像

有些人在發怒時會在腦中看見畫面，這些影像可能與讓他們動怒的事物有關，也可能只是他們對於表達怒氣方式的想像。請你回想自己發怒時是否也在腦中看見任何影像。我們回到剛才那個被好友背叛的例子，你發怒的時候，或許你會浮現一個對方生氣的畫面，甚至可能想到你們以前友好的畫面。

請以正念看待這些畫面，就像你以正念看待自己的身體或自我對談，讓自己明瞭這種感知只是暫時的。正念可以幫助你選擇讓自己平靜的畫面，而非激發你怒氣的畫面。請參考圖4所示的時間軸。

負面情緒

現在請將你的「錄影畫面」稍微倒轉，把焦點放在導致你發怒的時間點，並試著記住你動怒前一刻的負面情緒。如第一章所述，憤怒通常是對這些負面情緒的反應，或是為了轉移對這些感受的注意力。這是憤怒時間軸上讓人最不舒服的時刻。在這個時間點，你的怒氣會被激發出來，因此這正是你需要自我慈悲的時刻。你在某種程度上可能會產生一些負面情緒，因為你感受到威脅。事實上，進行這項練習的時候，你可能會因為回想過去而再次感受到相同的威脅。

一開始，你會覺得難以找出動怒前的負面情緒，因為它們讓你感到不舒服，所以你已經從意識裡刪除。

可以理解的是，就像許多人第一次進行這項練習時，你可能會說是「惱怒」、「煩躁」或「憤慨」等負面情緒導致你發怒，然而這些詞彙都只是憤怒的不同說法。你也可能會說自己感到「情緒激動」，但這個詞彙著重於身體狀態，而非情緒。重要的是，請你記住：如果你能區分自己各種情緒，就可以削弱憤怒與負面情緒之間的關聯性[4]。在各類情緒發生時加

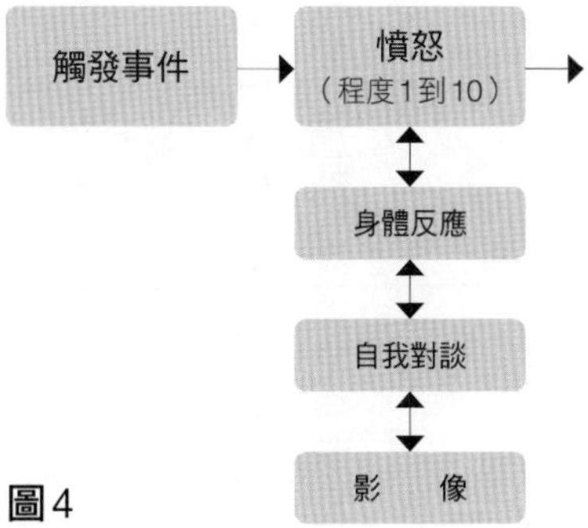

圖4

以明辨的能力，是情緒商數（emotional intelligence）[5]的重要關鍵。情緒商數其他的組成元素還包括區分自己感覺的能力，以及識別他人的感覺。情緒商數可加深你與自己及他人的連結、豐富你的人際關係，並幫助你實現目標。

請花一點時間進行正念呼吸，然後專心辨識動怒前一刻的感覺。那些感覺可能包括：

- 悲傷
- 失望
- 羞愧
- 尷尬
- 挫折
- 沮喪
- 困惑
- 被拒絕
- 被忽視
- 被貶抑

一般而言，憤怒是對多種負面情緒的反應，因此你可能會發現自己在動怒前不只產生一種感覺。圖5說明了這種憤怒時刻的感知：身體反應、自我對談與影像都可能伴隨負面情緒，而且圖中也包含負面情緒的例示，強調你的各種感受都是身心狀態的一部分。雙向箭頭同樣表示這些元素會相互影響。

當你檢視自己的情況時，請留意你是否會因發怒而責怪自己。你是否因為憤怒而感到焦慮？

也許你只感到尷尬、羞愧，也許你只感到失望。基於動怒或動怒前的感覺而產生的自我批判，可能會引發這些負面情緒，這麼一來只會加劇憤怒的激發。

判斷

「判斷」是一種不經思考的反應，是自我對談的其中一種形式，但因為發生迅速且安靜，經常讓你無法察覺。就本質而言，判斷是你對事件的第一個想法。認知自己最即時、最不經思考的判斷，是了解思緒如何激發憤怒（及威脅）的重要步驟。圖6顯示出包含判斷在內的憤怒結構會是什麼模樣。

確認激發憤怒的負面情緒之後，請花一點時間以正念記住你認知觸發事件發生的瞬間。你能否辨識那些觸動你負面情緒的判斷？

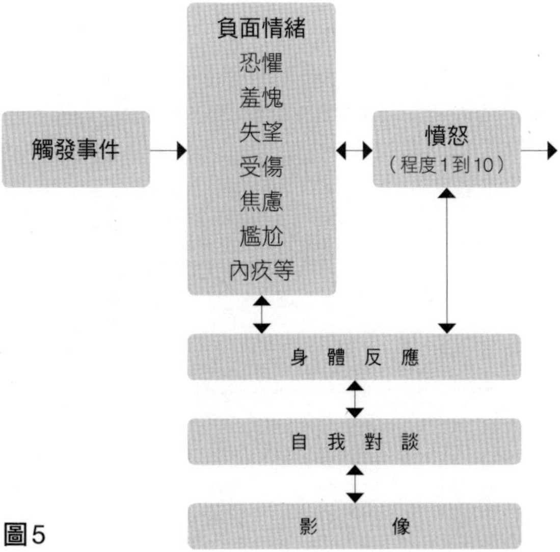

圖5

在前述被好友背叛的例子中，不經思考的「判斷」可能包括：「她背叛我。」「我真不敢相信。」「我早就知道不能信賴她。」「她把祕密告訴那個人了，所以我會失去那個人的友誼。」「她讓我非常尷尬。」「我無法相信任何人。」或者「我是個大傻瓜，竟然把祕密告訴她。」顯然這些「判斷」可能會引起圖6所列的感受。

因為受到兒童邏輯的過度影響，判斷可能經常不切實際，不是出於理性的思緒。判斷通常發生得很快，讓我們來不及產生正念。然而它們會透露出我們平時如何回應這種情況。我們的習慣會使自己容易受到負面情緒的影響，並封閉其他的判斷。以下是一些常見且不切實際的判斷，另外還有很多無法一一列舉：

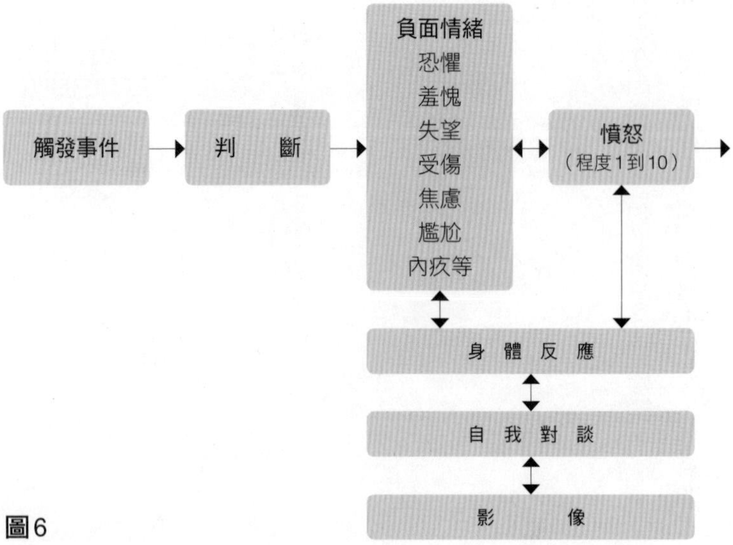

圖6

- 這件事證明對方不喜歡或不關心我（實際上可能並非如此）。
- 發生這件事，是因為我做了某事（實際上可能並非如此）。
- 對方故意做某事惹我生氣（實際上可能並非如此）。
- 這件事證明了世界一點也不安全。
- 別人根本不在乎。
- 如果發生這種事，就表示上帝不存在。
- 如果我的伴侶（孩子、父母等）做出這種事，就表示他或她不愛我。
- 我的自尊完全取決於這件事（達成特定目標、擁有特殊技能或身材樣貌等）。
- 我的未來完全取決於這件事（即使實際並非如此）。
- 如果發生這種事，就表示我不該做出某事。
- 如果發生這種事，我的需求、渴望或期待將無法被滿足。
- 既然發生這種事，我的期待無法達成，表示我將永遠無法以其他方式滿足自己的需求或渴望。
- 我也可以選擇放棄。
- 我沒有辦法決定自己的人生。

這些例子可能和你的判斷不盡相同，但它們可以顯示事情不如你所願時，你可能有什麼反應。在某種程度上，你的反應可能來自根植於童年期與青春期的**情緒劇本**，這種情緒劇本可能會讓你看世界的眼光變狹隘，讓你習慣對某些細節格外敏感，但忽略其他的事情[6]。如果依照這個劇本而活，可以讓你感到安全。然而，這個劇本可能會過度保護你，使你在威脅不存在的情況下也以為自己的需求遭受威脅。過度激烈的反應通常可追溯至過往，而非僅因觸發事件而爆發。所謂的過往可能包括事件發生前的幾秒鐘、幾分鐘、幾小時、幾天、幾星期，甚至可能包括最近幾年或是人生的早期階段。比方說，某人最近經歷的事件，可能讓他想起從前某種令他痛苦的相似體驗。這種感知會形塑神經通路的模式，使人容易動怒。

觸發事件可被視為一種需求、渴望或期待長期未獲滿足的障礙，人們都有所謂的**情緒地雷**，那是受過往經驗或先天因素影響的特定思維或感受，導致他們在某些時候會過度敏感並迅速發怒。以下是雪洛的例子，三十三歲的她說自己經常對交往兩年的男友傑夫發脾氣：

如果他沒有準時回到家、沒有按照約定的時間打電話給我，或者讓我覺得他花「太多時間」在朋友身上，我就會大發雷霆。我通常會馬上認定他並非真的愛我，認為他不值得信任，或者他對我不公平。

雪洛的憤怒大部分來自她對於被拋棄的恐懼和焦慮，因為她以前就常有不安全感。她曾認真交往過兩任男友，但最後都因為男方離開她而畫下句點。雪洛六歲那年父母離異，後來她的母親與許多男性交往，並在雪洛十三歲的時候再婚。雪洛的母親因為自尊心低落及男女關係不穩定，對女兒經常疏於照顧。

雪洛目前的交往關係，讓她想起上述塵封已久的感受。當她進入親密關係時，便立刻萌生她對自己和他人的負面情緒與態度，包括她嚴苛指責男友時發洩的怒氣。

在某種程度上，傑夫的行為觸動了雪洛最敏感的死穴，他粗枝大葉且散漫混亂的個性導致他經常不守時。

藉著正念練習與憤怒結構的理解，雪洛漸漸意識到一些影響她判斷的元素，包括她的過往及她的自尊。她發現，每次只要傑夫晚回家，她就會再度萌生以前交往關係中的焦慮感。她透過自己童年時期的眼光來評價傑夫的行為，而她以前是一個經常覺得失落、悲傷且缺乏安全感的小孩。傑夫最近的表現讓雪洛想起自己不能依靠別人，而且沒有人愛她的感受。雪洛的兒童邏輯與無助感，讓她的問題變得更加嚴重，這種兒童邏輯和無助感有一部分是來自童年時期就已經形成的心態。

假設你和雪洛不一樣，你有自信和安全感，而且你與你認為值得信賴的人有正面的交往經驗，就算你擔心自己的伴侶像傑夫一樣散漫又不守時，你的情緒反應在質量和強度都會與雪洛不同。當你聯絡不上你的伴侶時，可能會產生困惑、低程度的焦慮、失望或沮喪，但是你與雪洛不一樣，即便你有這些情緒，也不會因此感受到威脅。倘若你因此發怒，你的憤怒程度也不會像缺乏安全感、害怕失去、不信任別人及自尊心低落的雪洛那麼強烈。

每個人的敏感度不同。假設你來自一個對金錢缺乏安全感的家庭，你成年之後可能會過度在乎財務狀況。你的成長歷程和其他的「情緒地雷」一樣，會加劇你的情緒，讓你的思考僵化。小孩對於旁人的情緒非常敏感，你的兒童邏輯也可能對財務損失的風險具高度警覺心。成年的你也許財務狀況良好，但還是會對金錢格外敏感。由此而生的焦慮可能會引起你的憤怒，尤其是在你判斷自己對財務問題無能為力時。

你也可能對公平有強烈的需求，總認為其他人以不公平的方式對待你。有些人會過於敏感，覺得自己遭貶抑或放棄。倘若你愈以正念看待自己的「情緒地雷」，就愈能看清它如何使你受憤怒的影響。

在憤怒時以正念進行判斷，是改變你憤怒過程的機會。一旦你發現自己做出判斷，就必須決定哪些判斷才準確且實際，而哪些判斷受到過往經驗和「情緒地雷」的強烈影響。如此一來，你會漸漸摸索出客觀且不具煽動性的判斷，最後也會更加自我慈悲。你會以「正念」選擇合理的判斷，而非「非正念」地選擇受兒童邏輯主導的判斷。

引爆憤怒的「觸發事件」

擾亂你內心平靜與舒適感的觸發事件，會讓你產生怒氣。這種觸發事件可能與某人的行為有關，也可能無關。比方說，樹幹被閃電打斷後砸毀你的車、愛犬咬爛你的鞋，或者你的電腦當機。

觸發事件可能是單一事件，也可能是一連串影響你心情的事件之一。正如諺語中的「最後一根稻草」，一連串事件當中的某一件可能會引發你的怒氣。

舉例來說，你正開著車去上班，突然發現自己忘了帶手機出門，只好掉頭回家拿手機，因此耽擱了時間，情緒有點緊繃。你抵達辦公室打開電腦之後，發現已經有二十封電子郵件等著你立刻回覆。在你閱讀這些電子郵件時，你的主管卻叫你去參加一場臨時召開的緊急會議。這些事情當中的任何一件，也許都不會引發你太大的負面情緒，然而它們全部湊在一起時，可能就會讓你亂了方寸。你可能不至於動怒，但卻可能因此感到挫折或焦慮。由於你心裡已經充滿挫折感，接下來如果又有事情讓你覺得煩躁，就會變成你宣洩怒氣的目標，特別是在你判斷這件事對你而言不公平、造成威脅的時候。

新事件發生的時候，壓力會導致我們變得更為脆弱。這裡所指的新事件，可能是親友的死亡、工作的負荷、養兒育女的考驗、疾病或意外的降臨，或者是一連串事情陸續或同時發生。

就算是好事，也可能會讓我們感到煩躁不安。三十二歲的艾文來找我，描述他這一年來經歷的壓力：

我六月取得企管碩士學位，七月結婚，八月底買了新房子，九月開始我的新工作……兩個月前，也就是十二月的時候，我太太懷孕了。

雖然艾文以前不太容易發怒，但他說他太太和朋友們都發現他似乎愈來愈常表現出煩躁不安的樣子。很明顯的，雖然這些事情本身都是好事，但發生的時機卻帶給艾文極大的壓力。艾文向來喜歡取悅別人，因此他通常會對任何事情說「好」，即使他心裡很想說「不」。他一再壓抑自己的情緒，勉強自己接受短時間內生活中出現這麼多變化，結果他的壓力變成強烈的焦慮。我們不難理解他產生焦慮而非怒氣，但其他人認為他暴躁易怒。由於他向來習慣取悅別人，因此他的焦躁讓自己非常難受。事實上，他一部分的焦慮來自他對自己最愛的人發怒。經過反思之後，艾文變得比較能坦率承認自己的憤怒，而且他後來終於明白：學習有益憤怒的重要環節，就是認識到自己擁有向別人說「不」的自由。

觸發事件可能是真實的，也可能出於想像。你可能會因為夢見自己渴求的事受挫而心懷怒氣醒來，也可能因為想像或預期未來可能發生的事而發怒。光是在心中想像某事，就能讓你萌生足以激發怒氣的情緒。

有時候，你可能不清楚某件事對於觸發你的憤怒有多大的影響。如果你將怒氣指向自己，這種情況會發生得更頻繁。莎拉是我好幾年前的客戶，她正好是這方面的例子。她說，在我們會面的前一星期，她覺得自己變得愈來愈「脆弱」和「低落」。起初她找不出心情轉變的原因，經過深入探究，才終於找到癥結。

那個星期一，莎拉的主管批評了她執行的專案，讓她當場覺得被貶抑且被輕視。接下來幾天，她發現自己不斷自我批判，並且懷疑自己的工作能力。雖然她當時並未自覺，但她的反應與她學到的負面情緒處理方式是一致的。她描述自己的理解如下：

> 我從小就對憤怒這件事感到不自在。我的父母從來沒有表現出憤怒的樣子，無論是言語或行為，但他們也從來沒有告訴我不可以生氣，我只看過他們在哥哥發脾氣時所做的反應：爸爸會看著哥哥，露出難過又失望的表情。我到現在還可以清楚回想他當時的神情。接著，爸爸會轉身走開，好幾天不和哥哥說話。媽媽則什麼都不說，表現得好像什麼事都沒發生。我猜可能是因為這個理由，讓我下定決心不讓爸爸以「那種表情」看我，畢竟我不希望被他冷眼以對。

莎拉從小就害怕憤怒，覺得表現出怒氣是可恥的事，所以她努力不讓自己生氣，或變成他人動怒的對象。如果她想對別人發脾氣，就把氣出在自己身上。雖然她明白並接受焦慮及被貶抑的感受，但是並未覺察自己的憤怒已被觸發。

對觸發憤怒的事件有所警覺，意謂對正念有所警覺。當然，你偶爾會心情不好，而且就算經過反思，還是不明白什麼原因讓你不開心。在這種情況下，過一陣子再回頭省思，或者乾脆不管它，可能會比較有幫助。你愈以正念面對自己特有的憤怒引爆點，就愈能辨識讓你格外敏感的事件類型。

期待

你每天早上起床，都會對他人、對世界及對自己有所期待，這些期待根植於你目前為止的所有經歷，而且在你的真實需求、想像需求之間打轉。當你面對一天當中的大小事件時，這些期待會形塑你的心態。

你的期待隨時衡量著你的各種體驗，你如何因應期待和現實的差異，會讓結果不同。隨著早晨揭開一天的序幕，如果事事符合你的期待，你可能會因此感到心滿意足。倘若你夠幸運，一整天發生的事都符合你的期待，你在晚上入睡前會認為這是「美好的一天」。你可能會因此覺得充滿力量，認為這世界接納你並且支持你。最重要的是，你可以感受到使你滿足的安全感。就算你不說出口，心裡也會覺得人生非常美好。但人生不可能這麼簡單。

圖7顯示期待被滿足時的感覺，以及不被滿足時的負面感受。

「期待」影響著我們生活的各個面向，有些期待符合現實，但也有許多期待不切實際，而且我們經常忘記以正念面對那些不切實際的期望。

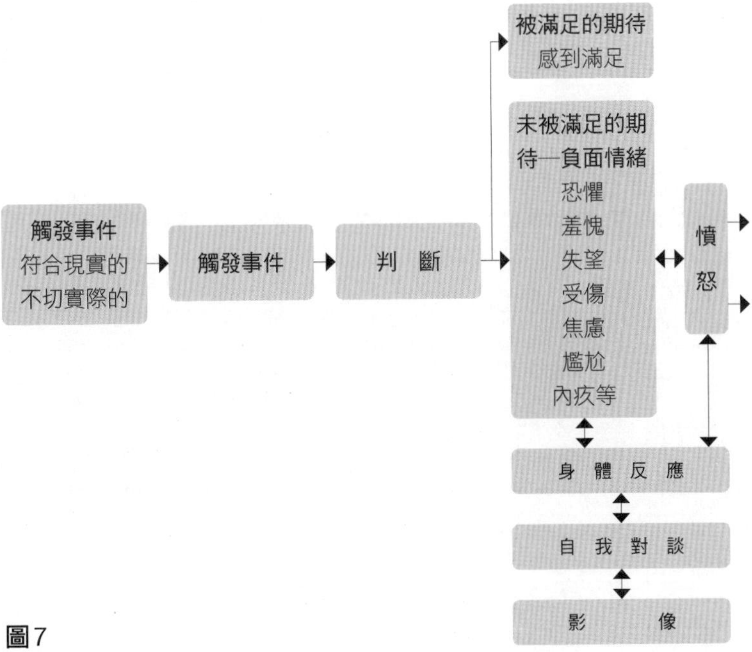

圖7

日常生活的期待

想想你一整天的日常活動。比方說，你可能會在前往超市買東西的途中遇上塞車，最後只好匆匆跑去便利商店買三明治當午餐。假如你本來期待在咖啡店享受一頓悠閒的午餐，既然你對午餐早有規畫，對於午餐計畫的變化自然會有所不滿，但憤怒的程度取決於你對這項期待的彈性。

你期待通勤時間固定、期待自己不要遇上怪人、期待最愛的餐點口味永遠不變。你也可能會期待不要發生可怕的新聞事件，或者期待你閱讀新聞的平板電腦永遠正常運作。

每項期待都會影響你當天的心情，就算你因為太專注於生活而沒有發現這一點。如果我們把自己的期待視為理所當然，將會使我們易於發怒。

對關係的期待

你的期待會對你的人際關係造成影響，無論是你和家人、朋友、同事或其他人的關係。比方說，我們再回到被朋友背叛的例子。你可能會期待「真正的朋友」應該有什麼樣的表現。你可能會認為，當你與其他人意見不合時，好朋友應該永遠與你站在同一邊。或許你還會以「朋友是否在你需要時出面幫忙」來評斷他們是否算得上朋友。你可能覺得真正的朋友不會讓你失望、應該借錢給你、應該更努力幫你，而且不能與你的前男友或前女友約會。至於親密關係，你可能會期待伴侶應該知悉你需要被愛的感覺。

我們經常以自己認為「別人應該怎麼做」為標準來評斷對方，相信每個人都有過這種期待。花一點時間回想從以前到現在哪些事會觸發你的憤怒，而且就後見之明的角度，你原先對這些觸發事件是否抱有什麼期待？你的期待對自己的情緒有什麼程度的影響？你的期待是否出於欲望而非需求？

期待與批判

你在觀察某人時，心裡可能會想：「我真不敢相信，他怎麼會有這種想法？我真不敢相信他會做出這種事。」這些反應乃是因為你期待別人應該怎麼做才「正確」。這種思維方式忽略了每個人的差異性，也忽略人們可以有不同的做法，實際上也確實如此。

當你在餐廳裡看見一位父親或母親責罵孩子，你心裡可能會馬上認定對方是糟糕的家長，或者在嘴裡小聲碎念：「這傢伙會不會教孩子啊？」你會因為這位家長的行為而產生強烈的緊繃感，反映出你心裡的焦慮或失望。你甚至可能對那位家長的行徑感到厭惡。然而換個角度，你也可能與那位家長感同身受，心想：「我真不敢相信那孩子竟然這麼調皮！」或「如果那是我的小孩，我肯定會……」無論你的反應是哪一種，都是不經思考就把「別人的行為」及「你認為別人應該怎麼做」兩者進行比較。

我們都以自己的期待進行批判，但這些批判可能出自慈悲心與同理心。當我們批評那位家長時，心裡可能很同情那個孩子，並假設她正感到苦痛。相反的，當我們批評那個孩子時，可能是因為我們覺得那位家長不被尊重、感到挫折、對哭鬧的孩子束手無策。

職場上的期待

和人際關係一樣，如果想在職場上少發脾氣，也得靠正念以及對期待的彈性。史恩的情況就是一個好例子。

史恩在公司裡工作了十三年，表現優異，一路升遷至中階主管的位置。然而某天他上班時，卻被告知必須在三個小時內將私人物品收拾完畢，由警衛帶他離開辦公室。史恩描述了他當時的反應：

> 我氣壞了！我知道這種事情經常發生，但我覺得只會發生在別人身上。我一點心理準備都沒有！我信任這間公司，也信任我的主管，所以很難面對這種情況的發生。我覺得自己遭到背叛。過去幾年我非常努力工作，投入非常多時間與精力，結果公司竟然叫我在三個小時內打包走人，真是太不公平了……可是我無力反抗。

史恩之前聽說他們公司可能會與別家公司合併，但他的主管一再向他保證，他的職位不會變動。他怎麼也沒有想到，新公司的高階主管已經決定裁撤他所屬的部門。

史恩的期待是經過數年的時間累積而成，他之前獲得升遷、被老闆稱讚，讓他相信自己的期待都會被應許。基於史恩觀察父親與別人的經歷，讓他期待自己只要努力耕耘就會有好收入，工作也會安穩。不幸的是，史恩如今發現工作的保障已大不如前，職場的變化天天都在發生，這才是最新版的真實人生。

如果你一直緊抱著自己的期望不放，只會徒增自己的困擾。

期待與依附

認知你對事物的依附強度，對於了解自己的憤怒相當重要。佛學思想將「依附」描述為「執」，表示對想法、旁人或物質投入過多的情緒[7]。依附會給你一定程度的安穩與和諧，並賦予你認為的生活意義。然而當你的依附太強烈時，反而會感到痛苦。這些依附帶來的威脅，通常是你憤怒的根源。

舉例來說，如果你過度依附某些想法，就無法保持開放的心態，也無法考量任何與你想法相左的事物。或者，假如你太愛你的伴侶，可能會迷失自己，因為你的心已經沒有容納自己的空間。同樣的，如果你太在乎身外物，例如房子、車子，或者銀行裡的存款，可能就反映出你對物質的強烈依附，並且以此定義自己的價值。無論上述哪種情況，對期待過於依附，或緊緊抱著期待不放，都會讓你容易受憤怒的影響。

對生活的期待

生活中充滿挑戰，經常有我們無法控制的事情發生，我們只能善用手邊的資源盡力而為。遇上考驗時，我們經常堅信人生應該按照我們期望的方式發展。如果現實與我們的期望不符，我們自然會產生負面情緒。認知自己的期待，將有助於我們了解期待和苦痛的相關性。

期待的例子

心理學家大衛・柏恩斯（David Burns）認為，如果我們頑固堅持各種「應該」，我們就會活在「應該」的人生中[8]。受「應該」主導的期待，可能遠比單純接受「凡事豈能盡如人意」還要令人痛苦。以下這些不切實際的期待，經常會讓人發怒：

- 我應該是完美的（別人也應該是完美的）。
- 我應該永遠是對的。
- 別人應該按照我認為的方式做任何事。
- 人生應該要公平。
- 我不應該受苦。
- 我不應該忍受挫折。
- 我所有的需求和欲望都應該得到滿足。
- 如果我夠好，我所有的需求和欲望應該都能得到滿足。
- 我應該（需要）隨時隨地取悅大家。
- 我的需求和欲望應該永遠比別人的需要和欲望優先得到滿足。
- 我應該在任何時候都清楚自己的需求和欲望。
- 我不必開口，別人就應該知道我的需求和欲望。
- 如果某人愛我，就應該知道我的需求和欲望。
- 如果某人愛我，就應該幫助我得到我認為自己需要的東西。
- 某種需求或欲望得到滿足後，應該可以彌補其他沒有得到滿足的需求或欲望。

關於期待的考驗

你的期待是否符合現實，取決於你是否明白「人生應該如何」和「人生實際上如何」的差別。要做到這一點可能並不簡單，有些人因此認為我們應該努力讓自己不抱任何期待，因為期待容易使我們受苦。我之前曾輔導過一位有這種心態的少年，每次他做重訓時，就會對自己說：「我做不到，我做不到，我做不到。」很明顯，他只是在保護自己，不讓自己在無法達到目標時失望，然而這種想法只會讓他無法完全發揮力量，以致無法成功迎接挑戰。

你可能和這個年輕人一樣，刻意不懷抱期待以避免受苦。然而當你採行這種做法時，就等於收回對生活投入的情感。盡情擁抱生命，表示理解了「期待」是未必總能獲得滿足的希望、願望或抱負。一旦你開始明白期待不一定會獲得滿足，就可能接受「事情就是如此」。

最大驅動力：需求與欲望

憤怒的核心，是來自情感受到威脅或遭遇挫折後產生的苦痛，這種苦痛是因為你的需求與欲望一直無法得到滿足。憤怒激發過程中的各種元素，在此刻會全部出現，而且憤怒會讓你分心，以致你無法內省，沒有辦法認清自己的需求或欲望。圖8是完整的憤怒結構。

需求與欲望是你萌生期待的基礎，也是你生活的驅動力，來自你最根深蒂固的價值觀，亦是你信念、情緒與行動的基石。

有些需求是你的生物本能，這些需求的滿足與否攸關你的生存，包括你對食衣住行的需求，以及在你成長早期對關愛的特定程度需求。

你的人生大部分立基於生存所需之外的次要需求和渴望。這些需求和欲望來自你的個性，會影響你的情感、思緒與行為，但同時也受情感、思緒與行為的影響。請檢視下列項目，確認哪些是最可能驅動你的核心力量：

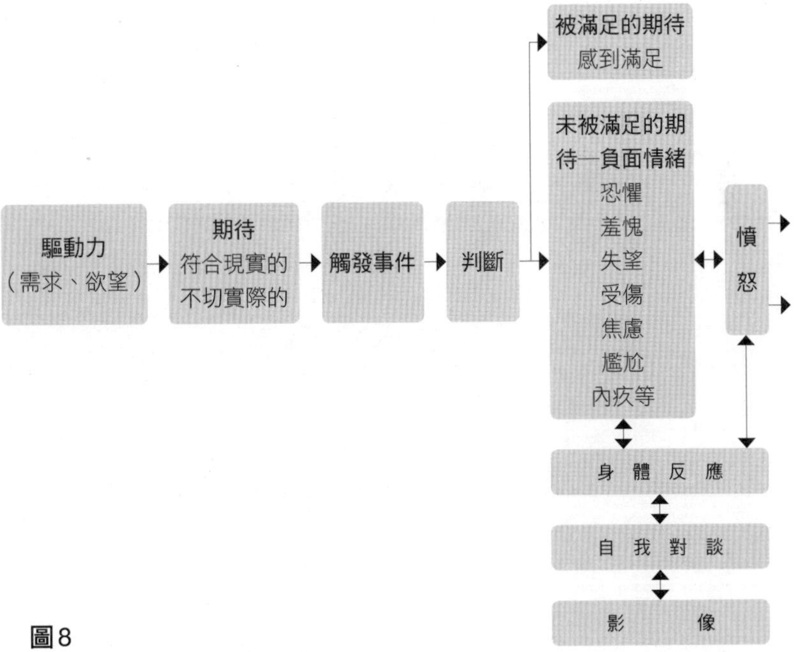

圖8

- 覺得受尊重
- 覺得被人接受
- 覺得受到保護
- 被滋養的需求得到滿足
- 覺得被愛（以及能夠愛人）
- 體驗人與人之間的連結
- 能夠獨立自主
- 能夠發揮創意
- 能夠成功
- 享有主導權
- 覺得擁有權力
- 覺得前途樂觀
- 覺得心平氣和
- 覺得充滿能力
- 成為矚目焦點
- 覺得安全無憂
- 覺得受到認同
- 覺得自己重要
- 覺得充滿挑戰
- 感覺自我接納
- 感覺掌握一切
- 感覺生活有序
- 擁有親密關係
- 生活穩定
- 體驗新奇事物
- 擁有慈悲之心
- 迴避特定感受
- 覺得受到賞識
- 擁有安定感
- 不受打擾

核心驅動力和我們最珍視的東西

這些核心驅動力會影響我們的態度及我們的選擇，包括友誼、工作、休閒活動、道德觀與世界觀。它會左右我們的人生。

舉例來說，有些人強烈需要安全感，因此強迫自己專注於未來的發展。有些人對新奇的事物有強烈渴望，因此不斷探索新景點、學習新技能、認識新朋友。

有些人最強的驅動力來自對事物的逃避，而非尋求。比方說，害怕出糗或丟臉，通常會導致凡事要求完美或正確的強烈需求，**這是因為長久的內心和諧終究是最終極的動力**。

不斷變化的「優先順序」

我們會隨著年紀增長改變需求和渴望的優先順序，而且孩童時期對於需求的依賴會比成年後來得更強烈。如果我們對於自己重視的事物改變了優先順序，我們的生活也可能會因此改變，例如人際關係、工作、居住地點或休閒活動。

我們的驅動力可能隨時變化。中午的時候，我們對午餐的需求可能會比完成忙碌多時的工作優先。隨著一天慢慢過完，我們可能會變得渴望放鬆，或者希望享有安靜的時光、出去玩耍、或參與社交活動。到了夜晚，我們對睡眠的渴望就會變成優先考量。

你可能會發現自己同時受到多種驅動力的影響。你想擁有主控權的渴望可能支撐著對於安全感的渴望，你想被人接納的渴望可能與你對於被愛及與他人互動的渴望同時並存。或者，你可能發現自己想找一份工作來同時滿足你對財務保障與發揮創意的渴望。

驅動力的變化每天透過各種方式影響我們。我有一位叫韋恩的客戶，他與妻女的互動正好可證明這點。他某個星期天與妻女去拜訪岳父母，和家人們歡度一天，感到十分開心。他那天覺得心情格外輕鬆，並且將注意力與關愛都放在妻子和女兒身上。然而當他們準備開車返家的那一刻，他的行為突然有所轉變。他變得心浮氣躁，而且不想與妻女交談。韋恩說：

我後來才明白，當我一坐進車裡，就突然覺得壓力沉重，因為我想到我的工作。所以我在車上並沒有留意我太太和女兒說些什麼。我通常星期天會好好休息，但是那個星期天我沒有時間放鬆，當天晚上我還得趕一份報告。我猜自己大概是因為星期天晚上還得工作而覺得煩躁，而且我也不高興自己沒辦法休息。雖然讓我不高興的主因是那份報告，我卻把氣出在家人身上。

韋恩在發動車子並駛出停車格時想起自己還有報告要交，在那一刻他馬上變成一個沉默又疏離的丈夫和父親，頓時忽略他的家人。這個例子可以讓你明白，瞬間改變驅動力的優先順序，可能會如何引發憤怒與焦慮。

相互競爭的驅動力

我們的驅動力有時會彼此競爭。我們可能想與伴侶共享美好時光，但又希望自己一個人獨處。我們可能想發揮創意，也想賺取高薪，但是符合我們需求的工作，待遇卻普普通通。我們對於發揮創意的渴望，也可能會與我們希望受認同的渴望相互競爭。

驅動力之間相互競爭時，可能會導致緊張與煩躁，並產生引發憤怒的負面情緒。這種情況發生時，你可能就會把這種輕微的憤怒發洩在你面對的事情上，或者把氣出在別人或自己身上。

二十八歲的詹姆斯渴望自行創業，因為他希望工作時多一些主控權與自由。然而每當他一想到離職這件事，他對安全感的需求就會讓他萌生焦慮和沮喪。在他尚未認知這一點的情況下，這種衝突便持續讓他在職場與人際關係中產生煩躁與憤怒。詹姆斯告訴我：

> 我發現工作上任何一點小事都會讓我生氣，有時候是與我的主管有關，有時候是我覺得同事根本無法勝任自己的工作。我慢慢覺得自己不想待在那間公司。事實上，我希望成為一名廚師。但是我在上網蒐尋相關資料之後，發現自己並不想過廚師那種忙碌的

生活。我變得不清楚自己到底想要什麼，只知道自己常常生氣。然而我盡量不把怒氣發出來，我舒緩憤怒情緒的方式，是偶爾表現得粗魯或尖酸刻薄。

驅動力相互競爭常常是我們親密關係中的主要衝突。你可能深愛你的伴侶，但如果你太專注滿足對方的需求，以致無法滿足自己的需求，又可能會因此怨恨對方。當然，伴侶關係本來就需要彼此妥協，並且取悅你所愛的人。然而經常以伴侶的需求為主，會讓你覺得孤單或無力，也可能導致伴侶關係不愉快。

核心驅動力與慈悲焦點理論的關係

在檢視驅動力清單時，我們可以清楚看出每一項驅動力都反映了慈悲焦點理論的動機：「需要安全感、連結感和依附」、「達到充實的人生」。以正念和自我慈悲看待這些驅動力，可形成有益憤怒的核心。透過探索憤怒的意義，我們可以連結真實的自我，並因此更加了解我們最重視的驅動力。

這種正念會讓我們有更多選擇，並激勵我們以最具建設性的步驟滿足自身的渴望。

本章的重點是解釋發怒時間軸的形成結構，它可以擴展你的正念，讓你留意動怒時身心的各種小細節。如下一章所示，只要透過練習，這個結構圖將可幫助你在動怒時看清楚自己思緒、感受與身體之間的互動。

進一步思考

1. 藉由這種形式來探索憤怒時，你有什麼反應？如果你感受到任何身體反應，請加以說明。你是否覺得緊繃？如果答案是肯定的，請問緊繃感發生在身體哪個部位？也許你已經不記得，但回答這個問題時，你可能又會感覺到那種緊繃感。

a. 你還記不記得，完成本章所述的時間軸時，你內心有什麼樣的「自我對談」？你對這個結構圖是否充滿批判？你是否有任何內在對話可反映第二章提到的自我慈悲考驗？

b. 完成本章的結構時，你的情緒如何？你是否因為難以確認自己的反應而感到挫折或心煩？

2. 閱讀本章時，你是否發現自己對作者也有所期待？本章介紹的憤怒形成架構是否符合你希望了解憤怒的期待？

3. 請回想你一整天接觸到的所有人，並指出你對他們有哪些期待。然後問問自己，這些期待是否合乎實際。
4. 請回顧本章所列的「判斷」，並指出你常有且使你易於發怒的判斷。
5. 請回顧本章所列的「期待」，並指出你常有且使你易於發怒的期待。
6. 請回顧本章所列的驅動力／核心驅動力，並指出你覺得最重要的驅動力／核心驅動力。
7. 哪些驅動力讓你發怒？

注解

1 Aronson, *Buddhist Practice on Western Ground*, 113.

2 His Holiness the Dalai Lama and Paul Ekman, *Emotional Awareness* (New York: Henry Holt, 2008), 23. 中文版：《心的自由：達賴喇嘛vs.艾克曼談情緒與慈悲》，達賴喇嘛、保羅・艾克曼著，江麗美譯，心靈工坊，二〇一一年出版。

3 B. Golden, *Healthy Anger: How to Help Children and Teens Manage Their Anger* (New York: Oxford University Press, 2003).

4 R. Pond, T. Kashdan, N. Dewall, et al., "Emotional Differentiation Moderates Aggressive Tendencies in Angry People: A Daily Diary Analysis," *Emotion* 12, no. 2 (2012): 326–337.

5 D. Goleman, *Emotional Intelligence* (New York: Bantam, 1997), 43. 中文版：《EQ：決定一生幸福與成就的永恆力量》，丹尼爾・高曼著，江麗美譯，時報，二〇一六年出版。

6 H. H. the Dalai Lama and Ekman, *Emotional Awareness*, 75. 中文版同第二條注釋。

7 K. Mizuno, *Essentials of Buddhism* (Tokyo: Kosei, 1996), 154.

8 D. Burns, *Feeling Good* (New York: Avon, 1980). 中文版：《好心情手冊》，大衛・柏恩斯著，李華民譯，張老師文化，二〇〇七年出版。

第八章

探索「憤怒起火點」的好工具：憤怒日誌

在本章中，你將學到一種工具，這種工具可以擴展你對憤怒結構圖中各種感知的正念。它是**憤怒日誌**，可以幫助你了解引爆怒意的事件內容，找到「憤怒起火點」，並且在事後練習有益的憤怒。你每次填寫憤怒日誌，就能更進一步以正念面對自己的需求與渴望，以及伴隨憤怒而生的期待、判斷、身體反應和負面情緒。

有助於自我檢視的「憤怒日誌」

憤怒日誌協助你檢視因憤怒而生的一連串內在感知，讓你更容易調整自己發怒的過程。藉由重覆完成不同內容的憤怒日誌，你可看出自己對憤怒的一套因應模式，並覺察自己的「情緒地雷」。

如要掌握自己發怒時每一刻的感知，有賴深度的覺察。就效果而言，憤怒日誌可幫助你以不同的角度思考回應憤怒的方式。透過檢視自己的想法並且接納全新的思維，你將可更加堅定自信地進行正念練習與自我慈悲。經過練習之後，你就能馬上察知並辨識憤怒日誌中的某些構成要素。然而，唯有持續練習，才能讓你愈來愈清楚自身反應的複雜性。圖9是空白的憤怒日誌。

你一開始可能覺得填寫憤怒日誌是件令人不愉快的事。這種反應相當正常，因為憤怒在某種程度上可分散觸發事件造成的不適感。如第二章所

圖9　憤怒日誌

驅動力 →	期待 →	觸發事件 →	判斷 →	負面情緒 →	憤怒（依程度從1到10）

身體反應：
自我對談：
影像：
早於觸發事件之前的過往事件和心情：

述，憤怒能夠讓你不致過度專注於自己的思維與感受，可避免反省帶來的痛苦。因為，當我們專注於自己的思維時，會發現有些想法令我們感到尷尬，有些想法甚至沒有意義。我們會有愚蠢的想法、令人害怕的想法和近乎可恥的想法。我們也會有不願想起的回憶，以及夢想無法實現的痛苦。

你可能會發現，只要思考憤怒結構圖，就算沒有填寫憤怒日誌，也能減少對憤怒的反應。一點點小進步會讓你覺得自己已經可以掌控憤怒：透過辨識出不切實際的期待，並加以調整，你就可以控制自己的憤怒；你也可以練習本書介紹的正念呼吸與放鬆肌肉等技巧以得到平靜，避免在生氣時衝動行事。

你學到的這些技巧直接替你阻擋憤怒，不需要進一步自我反思。正向的改變表示你正朝著有益的憤怒進展，然而，如果你不花時間寫憤怒日誌，就無法以充分的正念面對那些隱藏在憤怒背後交相互動的需求、渴望、思緒與感受。練習有益的憤怒不僅改變你的行為，還可協助你發展全新的態度來面對憤怒。

填寫憤怒日誌的方式

1. **填寫憤怒日誌前，請先讓身心平靜**。在你經歷憤怒之後，請先冷靜下來，再填寫憤怒日誌。這可能要等觸發事件發生後數小時甚至數天。填寫日誌的目標是讓你透過練習來分析自己的感知，並且在感知發生時馬上辨識其關鍵要素。

2. **以更具正念的態度面對內在感知**。在填寫憤怒日誌之前，請先花幾分鐘練習正念呼吸，激發具慈悲心的那個自己，並提升自我反思的能力。正念和自我慈悲會讓你產生安全感，緩解你的感知。

3. **回想事件的細節**。依照第七章所述的方式檢視觸發事件，將它想像成錄影畫面，留意周圍環境的細節、出現在事件中的人物，以及你的內在感知。觀察你所感知到的思緒、感受或身體反應，回憶當時的畫面、聲音，甚至溫度，才能讓你完整重現自己當時的體驗。

4. **描述觸發事件**。簡短描述觸發事件的概要，寫下讓你動怒最直接的相關事件，就算只是「壓倒駱駝的最後一根稻草」也無妨。

5. **記述早於觸發事件的其他過往事件和心情**。簡述在觸發事件發生前可能影響你心情的人事物，包括雖然只讓你心煩，卻足以影響你身心狀況的小事，以致你在面對觸發事件時動怒。

6. **為你憤怒的強度評分**。記下觸發事件發生後你的憤怒強度，一為最低，十為最高。

7. **確認你的身體反應**。在你回顧「錄影畫面」（詳參第七章）時，請將自己的身體從頭到腳掃描一遍。這麼做可以讓你提升正念，以辨識自己發怒時的身體反應。請參閱下一章所述的身體反應，對你會有所幫助。

8. **確認自我對談的內容**。記下你在產生負面情緒時的想法，包括憤怒。這裡指的不是你在觸發事件發生後做出的判斷，而是伴隨事件而來的內在對話。

9. **確認影像**。簡單描述你感受負面情緒時腦中出現的任何影像。

10. **確認負面情緒**。確認你在憤怒發生前所感知的負面情緒，然後參考以下的情緒列表，以幫助你清楚辨識自己感受到但卻無法確認的負面情緒。這份情緒列表對於強化自我連結非常有用。第九章介紹的技巧也將進一步幫助你辨識這些負面情緒。

11. **確認判斷**。你一開始可能只會做出不經思考的判斷，但只要持續練習，就可以確認自己在觸發事件時形成的各種判斷。

12. **確定你的期待**。首先，請先列出你已經能夠辨識的期待，然後審視自己對這些期待的判斷。藉由審視自己在觸發事件發生時萌生的判斷，你將更容易辨識自己在觸發事件前可能有哪些期待。請運用正念將不符邏輯或深受兒童邏輯影響的期待一起納入審視（透過後見之明的方式），並留意自己寫下這些期待時是否猶豫不決。這可以讓你察知自己某些期待多麼不理性。沒錯，有時候看清自己的思維運作會有點尷尬，但不要對自己太嚴苛，你的自我慈悲在這個時候可以幫助你更自在地感受這種體驗。另外，請留意：你在同一時間可能會有多種期待。

13. 確認你的動機或驅動力。你覺得觸發事件對於你的需求和渴望有什麼威脅？請檢視第七章的驅動力列表，以幫助你進行確認。

情緒列表

感覺被虐待	欣喜的	挫折的	充滿力量的
激動的	空虛的	狂怒的	無能為力的
驚慌的	沮喪的	開心的	被挑釁的
冷漠的	絕望的	好的	遺憾的
吃驚的	被貶抑的	哀悼的	懊悔的
憤怒的	失勢的	罪惡感的	悲傷的
苦惱的	失望的	愉快的	自我懷疑的
困擾的	懷疑的	充滿怨恨的	驚訝的
焦慮的	厭惡的	無助的	哀傷的
憂慮的	幻滅的	充滿希望的	驚奇的
羞愧的	渴望的	不抱希望的	緊繃的
驚嘆的	不受尊重的	被羞辱的	受恐嚇的

感覺遭背叛	不信任的	被忽視的	受威脅的
痛苦的	充滿畏懼的	不耐煩的	驚喜的
無趣的	尷尬的	無法勝任的	不快樂的
冷靜的	被激怒的	惱怒的	不值得的
感覺受騙	熱情的	孤立的	脆弱的
開心的	容易激動的	嫉妒的	溫暖的
冷酷的	振奮的	猜疑的	軟弱的
慈悲的	被剝削的	被愛的	擔心的
關心的	害怕的	生氣的	一無是處的
滿足的	喜歡的	高興的	

「憤怒日誌」真的有用！四個案例

本章接下來要分享四個案例，每個案例的當事人都因觸發事件而動怒，他們透過填寫憤怒日誌，分享了自己的經驗。

遭女友威脅分手的泰德

泰德來尋求協助，請我幫他留住他的女友瑪雅。這對情侶交往不到一年就已經爭吵不斷，瑪雅通常在吵架過後就一句話都不說，拒絕與泰德討論爭執的原因。他們最後一次吵架結束後，瑪雅說：「我要結束這段關係！」這句話就是讓泰德動怒的主要觸發事件。在他們過去的爭吵中，泰德經常大吼大叫、咒罵難聽的話，這一次他更氣得把一盞燈摔到地板上砸爛。泰德告訴我，他當時並沒有拿那盞燈攻擊瑪雅的意圖，瑪雅也同意他的說明。泰德進一步解釋了當初的情況：

> 我氣壞了！我知道我和瑪雅的關係因為我的憤怒而搖搖欲墜，但我真的不希望她向我提分手。我沒有辦法控制自己，也沒有傷害她的意思。我覺得我只是需要砸爛東西來發洩情緒。我摔爛那盞燈之後，覺得心情有變好一些，但只有維持一下子。隨即我便明白，自己亂砸東西的舉動只會讓一切變得更糟。

泰德事後清楚意識到，把燈砸爛能讓他釋放憤怒和負面情緒造成的緊繃感。他同時也明白自己的憤怒只會讓瑪雅更受挫折，迫使她更想結束這段關係。泰德第一次填寫的憤怒日誌如圖10所示。

泰德知道自己很害怕「被拋棄」。他以前曾有過兩段長期交往關係，但是兩任女友都主動向他提分手。泰德的父母在他八歲那年離婚，後來他幾乎沒什麼機會見到父親。透過探索自己的感知與填寫憤怒日誌，泰德已經確知自己對觸發事件的反應。他的反應填寫在內容更完整的憤怒日誌中（圖11）。

從以前和瑪雅的爭吵中，泰德已經體驗過被拋棄的恐懼感。每次他們吵得不可開交，瑪雅就不說話，以致問題變得更糟。泰德覺得哀傷又無能為力，而且有被背叛和被拋棄的感覺——這些都伴隨著他過往孤獨的情緒

圖10　泰德第一次填寫憤怒日誌

驅動力 →	期待 →	觸發事件 →	判斷 →	負面情緒 →	憤怒（依程度從1到10）
需要與人連結，需要被愛的感受。	我們是情侶。	瑪雅威脅說要離開我。	我會失去她。	焦慮的。 受威脅的。 挫折的。 不受尊重的。	10

身體反應：全身激動不已。
自我對談：沒注意到。
影像：沒有。
早於觸發事件之前的過往事件和心情：以前就害怕被瑪雅拋棄，年輕的時候也害怕被另一半拋棄。

而生。他的暴怒可分散痛苦的感受，但不幸的是，這種憤怒的情緒也讓他忽略了瑪雅因他的怒氣備感威脅。泰德和瑪雅都把關注焦點放在自己的憤怒上，而非他們兩人都感受到的苦痛與恐懼。

被朋友洩露祕密的貝西

貝西經歷了我們稍早討論過的觸發事件：一位朋友原本答應不會把貝西的祕密說出去，但卻背叛了貝西。貝西在公司裡認識馬可之後，兩人開始約會。因為貝西與馬可分屬不同部門，貝西以為他們談戀愛的事情不會被發現，所以她暫時不打算公開，希望先等戀情穩定，再告訴別人。然而

圖11　泰德第二次填寫憤怒日誌

驅動力 →	期待 →	觸發事件 →	判斷 →	負面情緒 →	憤怒（依程度從1到10）
需要與人連結，需要被愛的感受，需要有主控權、穩定感和安全感。	我們是情侶。	瑪雅威脅說要離開我。	我會失去她。 這種事情又發生了。 她已經不再愛我。 我會變得很孤單。	焦慮的。 受威脅的。 挫折的。 不受尊重的。 哀傷的。 無能為力的。 被拋棄的。	10

身體反應：全身激動不已。
自我對談：沒注意到。
影像：沒有。
早於觸發事件之前的過往事件和心情：以前就害怕被瑪雅拋棄，年輕的時候也害怕被另一半拋棄。

在貝西與馬可約會兩個星期後，她實在藏不住喜悅，於是就把這個祕密告訴要好的同事珊卓拉。貝西深信珊卓拉答應不告訴任何人，就一定會為她保守祕密。

我們不難理解，當另外一位同事在兩個星期後詢問貝西與馬可交往情況時，貝西感到多麼驚訝且生氣。那位同事坦承，消息是從珊卓拉那裡聽來的，讓貝西相當憤怒：

> 我氣壞了。我以為珊卓拉值得信任，而且我還特別提醒她不能告訴任何人，所以我才會如此生氣。我馬上打電話給珊卓拉，告訴她我一輩子不會再和她說話，甚至不給她解釋的機會。我的意思是，既然她這樣對待我，我為什麼還要和她繼續當朋友？

這只是貝西眾多憤怒感知之中的一個例子。其實她與馬可才約會兩個月，就已經對馬可發過好幾次脾氣。事實上，貝西來尋求幫助之前，才承認自己曾因暴怒問題與歷任男友分手。

談論過珊卓拉的背叛之後，貝西將自己的憤怒評等為程度最嚴重的十分。我問她在動怒前有什麼感覺，她一開始表示自己非常激動，只覺得氣憤與狂怒。在參考過情緒列表之後，她又指出幾項負面情緒，並填入憤怒日誌中（圖12）。

這件小插曲顯示人們第一次填寫憤怒日誌時的反應——除了各種形式的憤怒感之外，通常說不出自己還有哪些負面情緒。但隨著提升正念，你將辨識出自己動怒前的一、兩種負面情緒。最後，透過檢視情緒列表，你就會明白導致你發怒的各種情緒。

當然，親友背叛我們時，一定會使我們萌生各種負面情緒，然而貝西的憤怒是因為長久以來多次遭到背叛。貝西年輕時很容易相信別人，而且最後都被背叛。透過填寫憤怒日誌，貝西才更意識到這個問題。

貝西不經思考就與珊卓拉絕交的判斷，反映出她以前與姊姊吵架時的模式：她會好幾個月不和姊姊說話。她年輕的時候，只要男朋友讓她傷心或失望，她就以同樣的方式處理，馬

圖12　貝西的憤怒日誌

驅動力 →	期待 →	觸發事件 →	判斷 →	負面情緒 →	憤怒（依程度從1到10）
希望別人誠實。	我的朋友應該替我保守祕密。 我應該要能夠相信朋友。	她把我的祕密說出去。	我不能相信她。 我不能相信任何人。 我沒有辦法繼續和她當朋友。	被背叛的。 失望的。 哀傷的。 不信任的。 不受尊重的。 被忽視的。 懷疑的。	10

身體反應：胸口緊繃、呼吸加快。
自我對談：我不敢相信她竟然這麼做，我一定要報復。我還特別提醒她不能告訴別人。而且重覆好多次。
影像：我想像珊卓拉把這個祕密告訴別人時的嘴臉，以及對方的反應。
早於觸發事件之前的過往事件和心情：以前和最近遭到背叛，讓我對人失去信任感。

上向對方提分手。在情緒上，貝西還沒準備好以其他的態度來處理珊卓拉的背叛，她還沒有辦法坐下來面對自己的情緒，訴說自己的傷心與失望。藉著回頭檢視自己因馬可而生氣的情況，貝西終於更明瞭她的強烈反應從何而來。

發生車禍的傑若米

法官要求傑若米來上憤怒管理課程，因為傑若米在馬路上對另一名駕駛使用暴力。傑若米坦承自己有憤怒問題，而且已經好一陣子了，但他的憤怒問題從來沒有讓他吃上官司。

傑若米下班後開車回家，在路上因為紅燈而碰撞到前方的車子。他描述自己當時的反應：

> 另一輛車的駕駛下車，說車禍是我的錯。我不敢相信他竟然說出這種話！明明是他害我緊急煞車。當然，我馬上為自己爭辯，把這場車禍怪罪在他頭上，然後他就罵我「無知」。我受夠了！我的怒氣在短短幾秒鐘之內急速上升，因此便開始尋找可讓我發洩憤怒的工具。我從地上撿起一塊石頭，用它砸碎了對方車子的擋風玻璃。

傑若米承認自己已經很多年沒有與人發生肢體衝突，他最近都把怒氣發在物品上。幸好附近有一名警察及時介入，才沒有讓兩位駕駛人的衝突愈演愈烈。傑若米第一次填寫的憤怒日誌如圖13所示。

我問傑若米是否認為自己對這場車禍事故有任何責任，他馬上回答：「我一點也不這麼認為。」但過了一會兒之後，他才不好意思地承認自己開車時一直想著稍早與同事吵架的事，因此有點分神。我鼓勵他運用正念看待自己的判斷，他照辦之後，才告訴我發怒的緣由（圖14）。

傑若米說，車禍發生之後，他認為自己有一部分責任，而且也覺得自己沒有小心駕駛，確實相當無知。除了那位駕駛讓他覺得自己被貶抑之外，傑若米心裡萌生的自我懷疑、尷

圖13　傑若米第一次填寫憤怒日誌

驅動力 →	期待 →	觸發事件 →	判斷 →	負面情緒 →	憤怒（依程度從1到10）
希望被尊重，希望有主控權。	他應該尊重我。 他應該承擔責任。	對方罵我「無知」。	他以輕蔑的口吻對我說話。 他不尊重我。 他責怪我。 明明不是我的錯。	被貶抑的。 不受尊重的。 被批評的。	10

身體反應：肩膀與手臂肌肉緊繃，呼吸急促。
自我對談：我不敢相信他竟然這麼說，明明是他的錯。
影像：沒有。
早於觸發事件之前的過往事件和心情：與同事吵架，以前經常產生自我懷疑，尤其是在別人批評我不聽明的時候。

尬與無能，也讓他感到極度不適。填寫憤怒日誌時，傑若米才意識到自己的情緒反應不僅因為被罵無知的觸發事件，也來自他與同事吵架後產生的負面情緒。傑若米對別人的批評相當敏感，而且長期懷疑自己的智商。這種「情緒地雷」般的敏感度讓他產生強烈的情緒反應。

與青春期女兒吵架的溫蒂

溫蒂有三個孩子，她和大女兒海瑟之間起了衝突，因此來找我幫忙。她們母女以前感情很好，但隨著海瑟進入青春期，兩人的關係開始變得緊繃。溫蒂

圖14 傑若米第二次填寫憤怒日誌

驅動力 →	期待 →	觸發事件 →	判斷 →	負面情緒 →	憤怒（依程度從1到10）
希望被尊重，希望有主控權，希望以正面、被愛且自信的角度看待自己。	他應該尊重我。 他應該承擔責任。	對方罵我「無知」。	他以輕蔑的口吻對我說話。 他不尊重我。 他責怪我。 明明不是我的錯。 是我的錯。 我應該小心駕駛。 我很無知。	被貶抑的。 不受尊重的。 被批評的。 尷尬的。 對自己感到失望。 自我懷疑。 覺得自己無能。	10

身體反應：肩膀與手臂肌肉緊繃，呼吸急促。
自我對談：我不敢相信他竟然這麼說，明明是他的錯。
影像：沒有。
早於觸發事件之前的過往事件和心情：與同事吵架，加上以前經常產生自我懷疑，尤其是在別人批評我不聰明的時候。

說，她和她的小女兒及兒子之間幾乎沒有類似問題。

溫蒂在過去幾個月內曾多次對海瑟發脾氣，我建議她深入探討特定一次爭吵。她告訴我：

海瑟打算某個星期六去朋友家過夜，結果我們大吵一架，因為我本來安排那天晚上全家一起去探望我父母。我們最近比較少去看他們，所以我希望全家人同行。我當時立刻對海瑟發脾氣，指責她太自私。她也氣得大叫，說我是控制狂、占有欲太重，而且說完就馬上衝回房間。雖然她最後還是和我們一起到我父母家，但是整個晚上都不說話。總之我們最近一直吵架。

溫蒂填寫了關於這件事的憤怒日誌（圖15）。她第一次填寫憤怒日誌的內容，似乎反映出父母與青少年之間的典型關係。然而，當溫蒂仔細觀察自己與海瑟的衝突時，發現這些衝突顯然不是因為一般的青春期焦慮問題所引起。溫蒂告訴我，她覺得她丈夫羅傑與她的關係愈來愈冷淡：

從以前一直到五年前左右，羅傑和我之間的互動都還非常熱情，無論感情方面或親

> 密關係，但後來我們變得疏離且緊繃。羅傑四年前丟了工作，並且失業六個月，導致收入銳減。經過失業的打擊，他的個性變了很多。接著我的體重也逐漸增加。坦白說，我也不喜歡這樣的自己，我覺得自己變得缺乏吸引力。

溫蒂說自己深愛著孩子，她一點都不後悔暫時放棄工作，當個全職媽媽。然而溫蒂很快就意識到一件事：海瑟漸漸長大且變得獨立，觸發溫蒂對於未來與孤老的擔憂。雖然她還有兩個年紀尚小的孩子，但是她與海瑟之間的衝突，讓千愁萬緒全都浮上

圖15　溫蒂第一次填寫憤怒日誌

驅動力 →	期待 →	觸發事件 →	判斷 →	負面情緒 →	憤怒（依程度從1到10）
受到尊重。	她應該乖乖聽我的話。	她忤逆我的意思。	她頂嘴而且對我不敬。 她太固執。	被忽視的。 不受尊重的。 挫折的。 哀傷的。	8

身體反應：臉部的肌肉緊繃。
自我對談：我絕對不放手。
影像：她不跟著我去我爸媽家。
早於觸發事件之前的過往事件和心情：以前也常與海瑟爭吵、過去在人際關係中缺乏主控權，因此對這方面特別敏感。

檯面。溫蒂明白自己在婚姻中感到孤單，所以需要海瑟給予她親密的感受。我鼓勵溫蒂去了解自己對觸發事件的其他反應，於是她再度填寫了憤怒日誌（圖16）。

雖然溫蒂多少受到缺乏安全感的影響，但還不至於盲目到無法理解自己擔心失去丈夫的情緒已經對女兒形成負面壓力。

●

為了更加了解複雜的憤怒問題，這些客戶都嘗試了正念練習與自我慈悲，因此更了解思維、感覺與行為如何導致他們輕易動怒。以下章節會提

圖16　溫蒂第二次填寫憤怒日誌

驅動力 →	期待 →	觸發事件 →	判斷 →	負面情緒 →	憤怒（依程度從1到10）
渴望親密感、渴望建立有意義的關係。	她應該乖乖聽我的話。 我們之間的親密感應該永遠不變。	她忤逆我的意思。	她頂嘴而且對我不敬。 她太固執。 我會失去她。	被忽視的。不受尊重的。 挫折的。 哀傷的。 焦慮的。 被拋棄的。	8

身體反應：臉部的肌肉緊繃。
自我對談：我絕對不放手。
影像：她不跟著我去我爸媽家。
早於觸發事件之前的過往事件和心情：以前也常與海瑟爭吵、以往在人際關係中缺乏主控權，因此對這方面特別敏感。

供更多練習，讓你詳細探索自己的習慣，並引導你通往有益憤怒之道。

進一步思考

1. 你覺得憤怒日誌的哪個項目最難填寫？
2. 閱讀本章時，你是否經歷自我對談的過程？如果答案是肯定的，你是否認為自己面臨第二章提到的考驗？
3. 此時此刻，你對於培養有益憤怒的動機有多強烈？你打算如何進一步投身練習？
4. 請回頭看看自己之前如何回答第二章「進一步思考」的第四題。我一再強調，請你一定要持續提醒自己閱讀這本書的初衷，以便在練習有益憤怒時對自己抱持正念且充滿耐心。

第九章
對感覺練習正念與自我慈悲

認知自己的情緒對生存而言非常重要，因為這麼做可以幫助你檢測來自身體內部以及外界環境的各種威脅。除了幫助你生存，這種自我覺察也能幫助你識別自己的喜好、厭惡、需求和渴望，支持你對自己和他人的理解和慈悲，以及你的人生目標，發展出具有意義的人際關係。

練習有益的憤怒，需要覺察力、自我分化（differentiation）*與有效管理情緒等各種能力。這些技能與提升心理健康、身體健康、人際關係及就業能力有關[1]。本章提供的練習可幫助你對自己的感覺更具正念與慈悲。想要克服有害的憤怒，這些方法扮演相當重要的角色。

---

*「自我分化」概念由家庭系統理論創立人莫瑞・包溫（Murray Bowen）提出，自我分化程度高者較能將思考和感覺分開，也較能區分他人的情緒和自己的情緒。

情緒覺察力

你對於情緒的覺察力，來自你運用正念承認並接受自己的各種感受——並且區分這些感受。這種覺察能力是以開放的態度觀察自己的情緒，而非「過度反應和放大自己的認知……這是一種保持自我反思的自然模式，即使你正處於混亂的情緒中。」[2]正念可以讓你明白自己不需對情緒採取行動，也無需忽視自己的感受。

我們學打網球、彈吉他或說外語時，受到鼓勵或建立固定模式可能都會有助學習。學習這些技能需要詳盡的回饋，練習覺察情緒也一樣，有賴詳盡了解自己的情緒感知。請記得：有些情緒可能模糊且難以辨識，有些情緒則明顯又容易識別。

本章的練習將幫助你接近、辯識並區分自己的情緒。你將能運用正念看待自己的內在情緒，這正是邁向有益憤怒的必要步驟。

進一步練習1　放慢腳步

如前幾章所述，你的情緒藏在身體裡，你必須傾聽它。為了傾聽情緒，就得敞開你的身心。這項練習源自心理學家艾倫·福格爾（Alan Fogel）的研究，可放慢你的注意力，幫助你實現身心開放的目標[3]。

請找一個不受打擾的舒適角落坐下或躺下，花幾分鐘練習正念呼吸。你可能會分神，分神時請留意自己的思緒飄往何方。也許你聽見雨水打在窗戶上的聲音，也許你覺得肚子餓，無論你想到什麼，請把注意力集中在單一事件上。想要放慢自己的注意力，最重要的就是專注。

重複幾次這種專注的想法，如果你能大聲說出來會更有幫助。你可能會在腦中浮現與思緒一致的圖像，花點時間將注意力停留在這些畫面上。重覆這些動作，觀察自己的感知或情緒。

你在重覆這些動作時或許會浮現其他的想法，如果新的想法與原本的想法有關，就保留這些新想法，並且放慢腳步，觀察自己是否萌生任何感覺或情緒。就如同你從這本書學到的圖像化技巧，這個過程也可能非常短暫。

這種過程需要花點時間，因為這是一種需要等待並且讓情緒與感知滲入意識的過程。就算你什麼都沒有感受到，還是要不斷重覆練習。

進一步練習2 為身體裡的情緒進行正念練習

這種正念練習能讓你與自己的情緒保持連結。在你處理困難的情緒（例如憤怒或發怒前的感覺）時格外有用，但是我建議你每次只處理一種情緒。這個練習改編自心理學家克里斯多夫．傑墨爾的研究[4]。

請找一個舒服且不受打擾的地方，輕輕閉上眼睛，花幾分鐘進行正念冥想。以正念掃視你的身體，包括外在和內在，留意自己有什麼感覺。注意空氣通過你的鼻孔或者在你胸腔上上下下的感受。請花幾分鐘練習。

將注意力從呼吸移開，想一想你打算解決的負面情緒，回想是什麼情況引發你的負面情緒。請在回想時審視自己的身體，同時觀察自己哪個部位最緊繃。繼續審視你的身體，並觀察緊繃感出現前的徵兆。

將你的注意力轉回到身體最緊繃的部位，繼續輕鬆呼吸，但請想像並感受你的呼吸使緊繃的部位慢慢放鬆。請如此進行數分鐘。

如果你覺得太不舒服，請再次將注意力放在呼吸上，等你覺得平靜一點，再重新關注自己的情緒。結束前，請再花幾分鐘練習正念呼吸，然後睜開眼睛。

對情緒的非正式正念反思

正念反思（mindful reflection）提供一種強而有力的方式，讓你與自己的感受連結。你可以依照上述方式進行練習，也可以透過非正式的方式全天候練習。比方說，如果你隱約覺得自己情緒不穩，請花一點時間回想自己情緒開始不穩前幾個小時內遭遇的事件或萌生的想法。這麼做可以幫助你確認自己的感知如何產生。你必須辨識並區分哪些情緒與不穩定的感受有關。請以正念注意一個事實：與**未來**有關的想法，也可能影響你的情緒。

多年前，我自己也曾體驗過這項練習的功效。某個星期五晚上，我開車進入銀行的得來速車道準備領錢，我的車子前面還有另外兩輛車在排隊。等待過程中，我覺得正在領錢的駕駛似乎花太久的時間，於是輕按喇叭幾下（我以前比較沒有耐性）。結果我前方那輛車的駕駛轉頭看我，露出生氣又不解的表情，我頓時尷尬萬分。前方的駕駛是年約八十歲的老婦人，因此我趕緊以「對不起」的嘴型向她道歉，然後繼續耐心排隊等候領錢。

大約五分鐘之後，我領到了錢，但突然感覺情緒混亂。當我把車子停在紅燈前時，趕緊快速審視自己的身體。我的情緒變得很「低落」，雖然我不明白是什麼原因造成的。我快速回顧自己心裡想到什麼，包括最近發生的事，以及接下來這個週末要做的事。可是我當天工作順利，而且我一時也想不出來哪些事情可能會影響我的週末假期。我一邊思考，一邊開車經過幾條街，最後才茅塞頓開。

我對幾分鐘前發生的事產生了一種延遲反應。我覺得自己激怒了那位年老的女駕駛，因此萌生多種情緒：我發現自己感到尷尬、罪惡，甚至還有一點羞愧。我的工作是以慈悲心幫助人們產生良好的感受，但我的兒童邏輯卻被激發出來，而且我批判了自己的行為。

當我意識到這些之後，原本低落的心情就完全消退了，接著我便進行自我慈悲的對話。關於自我慈悲的對話，我會在下一章討論。自我慈悲對話可以幫助我們面對自己的感受，不受其影響。

逃避體驗

一般而言，人們管理自身感受的方式，就是忽視它們。每當我們問自己：「我有什麼感受？」身為成年人的我們，經常不明白這個問題為什麼如此難以回答，然而我們不難理解，我們這樣問自己之前可能會心生猶豫，或者避免提出這種問題。人們總是逃避不舒服的感受，這一點也不奇怪。

心理學家史帝芬．海斯（Stephen Hayes）是「接納和承諾療法」（acceptance and commitment）的創辦人，他將這種逃避不舒服感受的傾向定義為**感知迴避**（experiential avoidance），意思是指迴避「負面且私密事件所產生的即刻感知」，例如人們不希望產生的思緒、感受、回憶或身體知覺[5]。

有害憤怒只是這種迴避的表達方式之一，幫我們分心並免於感受各種可能引發憤怒的負面情緒。在某種程度上，有害的憤怒會被壓抑的情緒所影響。

壓抑情緒會使我們無法覺察自己的感受。藉由壓抑情緒，我們會忽略、遺忘或縮小自己的感受，進而將這些感受移除[6]。我們對自己的感受愈不自在，愈可能在無意識中逃避這些感覺，而這種過程就是壓抑。正念、自我慈悲及本章的練習都有助於讓這些感受重新浮出檯面。

有時候，選擇壓抑情緒可能是明智之舉，因為壓抑可以避免你在感知怒意前輕舉妄動。只有在壓抑情緒的情況下，你才能提高注意力，並且在面對衝突時感知自己的感受與期望。這樣做將使你更了解自己最重視的需求和渴望，但請你記得：如果你壓抑情緒時只是將自己的感覺擱置一旁而不去面對，壓抑就會變得具有破壞性。隨著時間過去，壓抑會讓你感到愈來愈不滿足，憤怒也將愈演愈烈。

有意識地迴避你的憤怒

你可能經常產生強烈且持久的憤怒，但卻未因此壓抑或約束自己的怒氣。壓抑或約束自己的怒氣是很大的考驗。如果你對憤怒採取這種態度，就必須靠自我慈悲才能慢慢學會覺察自己的憤怒。你必須喚起自己的慈悲心，不可嚴以待己。你必須提醒自己：憤怒是自然的，是人類的正常情緒。你尤其應該牢記：「憤怒」與「強烈表達憤怒」是截然不同的。

以正念面對自己對負面情緒的批判

如果有選擇，大多數人都不希望感受負面情緒，畢竟負面情緒會讓我們產生強烈的不舒服。然而，我們之所以覺得不舒服，不僅是因為感受到負面情緒，還因為我們對於自己產生這些負面情緒而心生批判。我有許多客戶因為情緒低落而感到沮喪或生氣，也會因為情緒焦慮而感到憤怒，還會因為感覺憤怒而產生焦慮，甚至因為自己發怒而更加生氣。他們拿自己的「真實感受」與自認「應該有的感受」做比較，並因此批判自己。有些人會因為負面情緒而覺得自己是弱者，有些人則認為自己不應該有負面情緒。另外還有一些人因為自己有負面情緒而感到憤慨，因為他們覺得別人不會有這種情緒。

如欲以正念面對自己的情緒，有一部分必須倚賴你如何及何時評斷這些情緒。你必須辨識自己最不希望感受的情緒、最令你羞愧、尷尬或焦慮的情緒。請查看第八章的情緒列表，指出哪些感受讓你最不舒服。你可能會對這些感受最具批判性，但如果你以正念面對，將有助你識別這些使你發怒的感受，無論是對別人或對自己發怒。

包含憤怒的混雜情緒反應或矛盾情緒反應

健康的情緒覺察包括辨識混雜的情緒，並接納它。混雜的情緒指兩種以上的情緒同時或先後發生。雖然我們並未察知，然而隱藏在我們潛意識中的情緒，希望被我們表達出來，這是合理的，因為這些感覺根植於我們的基本需求，需要被我們認可。當我們忽略或蔑視這些感受時，我們可能會做出令自己或別人困惑的行為。

愛力克斯在妻子的要求下，來找我幫他解決憤怒問題。愛力克斯的妻子覺得他對孩子的管教方式不妥：雖然愛力克斯不會動手打小孩，但是他經常大聲斥責孩子，並且口出威嚇。

當我問愛力克斯小時候父母如何管教他時，他一開始回答：「喔，我父母怎麼管教我？他們很愛我。呃，當然，我父親偶爾會對我們大喊大叫，有時候會用船槳打我們，但頂多只打屁股，而且是因為我們不乖。這沒什麼大不了的。」愛力克斯描述了一些自己挨罰的情況，臉上始終帶著微笑。他說完這些之後，還一再重申自己非常敬愛父母。

愛力克斯最後才真正明瞭自己的感受。他漸漸明白自己小時候被懲罰時其實感到憤怒悲傷。但因為他很愛父母，所以對自己的憤怒充滿罪惡感。於是，只要他一感覺憤怒，就馬上回想父母親多麼愛他。他之所以難以面對這種混雜情緒來自於幾個因素。

人們通常會認為，以非黑即白的方式進行思考比較容易。我們在下一章將討論**總體思考**

（global thinking），這種思考方式會導致我們忽略自己情緒感知上的細節，愛力克斯並非少數特例。摯愛關係（loving relationship）中所產生的混雜情緒或矛盾情緒，對許多人而言都是重大挑戰。接納這些感受，亦是另一種接納自身人性的方式。

以正念看待「分心」

許多人為了應付或逃避自己的感受，會使用各種方式轉移注意力。有些人以酒精麻痺自己。酒精經常出現在我們的社交生活中，一杯葡萄酒可增添一頓佳餚的美味，即使分量只有一點點，也能成為舒緩焦慮及其他負面情緒的「白噪音」。

抽菸也可讓人逃避不舒服的感受。還有人選擇埋首工作、寄情運動或大啖美食，來忽略特定的情緒。

雖然網路帶給人們許多便利，但也成為人們轉移注意力的主要媒介。無論玩線上遊戲、閱讀部落格，或者只是隨意瀏覽，都能讓人避免面對日常生活中的情緒困擾。

「拖延」是另一種逃避負面情緒與想法的有效方式。如果想克服拖延的習慣，在面對問題時應該以正念加以辨識我們萌生的感覺，並且全然接受。

如果你想辨識哪些感受可能讓你分心，請在感受到衝動時暫停一下，透過以下的方法來檢測：你可以測量自己的**情緒脈搏**，以正念觀察自己的身體，找出到底是哪些感覺讓你不舒服，以及你是否試圖逃避這些感覺。

什麼是「思維」？什麼是「感覺」？試著區分它們

有時候，我們快速動怒的原因，是因為我們無法區分自己的思維與感覺。區分思維與感覺的過程，對某些人來說可能很困難。在嘗試了解自己的感覺時，學會區分兩者就是一大考驗。以下對話正是無法區別兩者不同的人和我之間常發生的交談：

我：因為你老闆把你的年度考績評定為「還算令人滿意」，你就大發雷霆？

傑克：對啊，因為我覺得我應該得到更好的考績，畢竟我今年這麼努力工作。

我：當你拿到考績時，你的憤怒程度是多少？假設最低是一，最高是十。

傑克：一開始大概是八，但等我和我老闆談過之後，我發現他不肯更改我的考績，我的憤怒程度因此馬上變成十。

我：現在請回想一下，你當時與你老闆的互動，以及你動怒之前的感覺。將你腦中的影片倒帶，並仔細觀察你那個時候的感知。

傑克：我覺得我老闆是個混蛋！不好意思我用了不好聽的字眼，但是我認為他是個王八蛋！他打的考績一點也不公平。

我：讓我把問題解釋清楚。我剛才是請你告訴我：你與你老闆討論考績的互動過程中，你有什麼感覺？但你給我的答案是：你認為你老闆是什麼樣的人。

傑克：好吧。我覺得他表現得像個王八蛋。

我：這只能算是觀察。當時你有什麼感覺，才做出「他表現得像個王八蛋」的結論？

傑克：我覺得自己不該受到這種對待，我應該拿到更好的考績。

我：當你覺得自己沒有得到應有的對待時，你有什麼感覺？

傑克：呃，我當然感到很失望也很挫折。

我：我們在這裡暫停一下。這就是所謂的「感覺」。這是你對自己內在感知的觀察，而非對別人的觀察。你的感覺可以反映你老闆的行為如何影響你的內心。感覺是你觀察自己的身心、審視自己的內在反應，並且整理自己所發現的結果。這是情緒列表，請你讀一下內容，看看你能不能再找出你在發怒之前還有哪些感覺，看看還有哪些感覺把你「推向」憤怒。

如第八章所述，我建議你別急著參考情緒列表，先自行回想自己的感受，然後再利用情緒列表指出你心裡其他的感受。

伊森是一位已經結婚三年的高中老師，他也面臨了類似的考驗。

伊森：我下班回到家，發現我老婆又亂買東西了！我真不敢相信，黛娜這次買了一輛運動腳踏車。我們明明已經說好，先比價再購買，結果她買回來的運動腳踏車，竟然是我們之前參考過的型號中最昂貴的一輛。

我：你當時有什麼反應？

伊森：我問她，她到底在想什麼？

我：你有沒有告訴她，你心裡的感覺？

伊森：喔，我很確定她知道我有什麼感覺。因為我對著她破口大罵，罵她無知。

我：你還記得自己說了哪些話嗎？

伊森：嗯。一開始，我告訴她應該注意自己這個月花了多少錢。因為我們已經有額外開銷，我不希望信用卡帳單上又有新增的消費項目。

我：還有呢？

伊森：我告訴她，我覺得她一點都不體諒我的想法。

現在請花一點時間，想一想你認為伊森對他太太亂花錢這件事的感覺。雖然他敘述了自己當時說了些什麼，以及足以反映他怒氣的說話態度，但是他從頭到尾都沒有告訴他太太自己在生氣。伊森罵他太太無知、告訴她應該怎麼做、指責她不夠體諒他，但這些全都只是伊森的「想法」，而不是「感覺」。於是我又繼續問他一些問題，幫助他釐清自己的感受，尤其是他在動怒之前的感覺。

我：重新檢視你腦中關於這件事的畫面，倒帶到自己回到家之後看見運動腳踏車的那一刻。你有什麼感覺？

伊森：坦白說，我氣壞了！我馬上大發雷霆。

我：好，你氣壞了。你能不能告訴我，哪些負面情緒把你推向憤怒？

伊森：嗯，我覺得我老婆再次無視我的意見……而且我當下就立刻認為，凡是與錢有關的事，我就絕對不能相信她會信守承諾，因為這種事情已經不是第一次發生！

伊森說「我老婆再次無視我的意見」，而不是「我覺得被她忽視」。他還說「我不能相信她」，而不是「我覺得她不值得信任」。這些微小的差異，表示伊森所觀察的都是自己的「感知」，而非「情緒」。即使我進一步詢問伊森，他還是不太能夠指出自己對妻子購買運動腳踏車的感覺，反而不斷告訴我他的想法。經過一番討論之後，我讓他查看情緒列表，伊森才明白：對於妻子不守信用亂花錢的行為，他感到失望、沮喪、無法信任、被忽視，另外還有一點點遭到背叛的感覺。當我們的話題轉到伊森對家中財務狀況的想法時，他才恍然明白：他一看到那輛運動腳踏車，就馬上心生焦慮。

如果我們問別人，遭到口頭批評或責罵時有什麼感受，對方通常會回答：「他是一個混蛋」、「她很無知」或者「他故意惹我生氣」。但這些回答其實都是想法，而不是感覺。然而，如果對方回答「覺得自己被攻擊」、「感到被威脅」或「覺得沮喪」，則是清楚表達自己的感知，以及這些感知如何影響他們。

以下四項說明可以幫助你區分什麼是思維、什麼是感覺：

1. 辨識自己的感覺，意思是指注意自己的內心感知，並且觀察可以反映你身心狀態的情緒或感受。
2. 當你想辨識自己的感覺，卻只觀察別人的言行舉止，最後可能只說得出自己的「想法」，而非「感受」。
3. 關於情緒衝擊，最簡單的描述就是：「我覺得（感覺）……」。因為你觀察的是感覺，假如你以「認為」來代替「覺得」，整句話就會變得不合理。請看看「我覺得很失望」與「我認為很失望」這兩句話，就可一窺究竟。

4. 感覺多半只需要以單詞來形容，不需要用到詞組或句子。例如：「別人做了______之後，我覺得______。」

測量你的「情緒脈搏」

你也可藉由每天測量幾次「情緒脈搏」，讓自己以正念面對各種感受。測量情緒脈搏，就是在特定時刻暫停手邊工作，精確測量自己的感受。首先，每天在同樣時間觀察自己的情緒，並且持續幾個星期，然後才改變測量的時間，以便取得更廣泛的樣本。

只要簡單問自己一句：「我現在有什麼感覺？」你有時候可以清楚辨識自己的感覺，但有時候你的感覺可能模糊不清、沒有聲音，或者複雜難辨。請在你初次測量情緒脈搏之後查看情緒列表，並且評定你情緒的強度，最低是一，最強是十。請注意自己是否感受到一連串的情緒，而非單一的感覺。在每個星期結束時查看自己的記錄，以便確認是否有任何固定模式。另外，也可以在各種感知中尋找可能引發特定情緒的模式。

感受的強度和普遍性

另一種探知自己感受的方式，是以正念觀察感受的強度及它對我們生活的影響力。有些感受可能很短暫，有些感受則可能隨時間變成另一種情緒。這種情緒可能比個性更明顯，也就是我們所稱的「特質」，比方說，焦躁、悲觀或懷抱希望，都可能在你的舉止表現和態度傾向中扮演重要角色。最後，還有一些感受可能會強烈到干擾你的日常作息，造成你生活混亂，以致需要專業諮詢的協助。

回首過往

正如這本書所強調的，你過往的經歷往往會影響你憤怒的成因或強度，也會影響你放掉憤怒的困難度。那些過往事件可能是最近才發生的，也可能源自很久之前。

有害的憤怒通常起源於「摯愛關係」中的嚴重傷害，所謂的摯愛關係可以是父母親或其他人。這些過往經驗會造成人們對現有的關係懷抱不切實際的期望，以致有些人認為，他們現今的對象應該彌補或補償他們以前經歷過的苦痛，殊不知過去的事情其實都已經過去了。

我有許多客戶會立刻否認過去事件對他們的影響，他們之所以有這種反應，一部分的原因出於他們從來不允許自己去感受過往事件對他們造成的傷害或憤怒。這些人通常對於尋求協助深感不安，因為要他們向父母或其他人發怒或抱怨，會讓他們感到莫大痛苦。有時候，他們的兒童邏輯會開始運作，使他們拒絕承認這種感覺。

回首過往是為了尋求解釋，而非責備。回首過往是為了了解從前的事件如何影響我們的感受、思維與行為。請以正念與自我慈悲去了解最近與過去的經歷如何影響自己的憤怒，因為長期的憤怒往往來自過去尚未得到解決的痛苦感受。**有時候你必須從過去探索自己的苦痛，與其和解，然後繼續向前邁進**。回首自己的過往，有助我們探索並辨識未能獲得滿足的需求，以及在試圖滿足這些需求時的痛苦，還有因這兩者而生的憤怒。

每章結尾處的「進一步思考」單元中，有些問題可以提供你回首過往的機會。第十一章將告訴你如何使用「憤怒日誌」來擴展對過往和憤怒的覺察。雖然這本書的所有方法都能提供你擁抱有益憤怒的洞察力與技能，你也可以透過專業諮詢來協助你經歷這樣的過程。

憤怒和它的好朋友：另外三種負面情緒

憤怒通常是對其他負面情緒所產生的反應——那些負面情緒會伴隨遭受威脅的感受而生，然而憤怒與幾種關鍵情緒的互動，值得我們進一步探索。了解這些情緒之間的互動可讓你更深入自己生活中的情緒視野。

三種情緒之一：焦慮

有些人焦慮時會產生憤怒，有些人發怒時會感到焦慮。在憤怒的時候感受到某種程度的焦慮是一件好事，因為這種感覺可以激勵我們改變。如果沒有焦慮感，我們在學習面對憤怒時可能較不會感受到限制。焦慮和罪惡感一樣，讓我們在行動之前先多思考，可幫助我們採取更具建設性的決策與行動。

身體對焦慮和憤怒的反應會有一些重疊，但這兩種反應都是出於遭受威脅的感覺。焦慮通常會導致退縮，但是憤怒會讓你想採取行動。當你的憤怒威脅到自身感受時，就可能產生焦慮的反應。發怒也可以讓你逃避焦慮產生的不適感。

一位軟體設計師與他的兩位老朋友合開公司。在公司剛成立的頭幾年，他愈來愈常因為認為夥伴犯錯而動怒。由於他已經投入資金，因此憤怒底下其實藏著焦慮。與老友的合作關係也引爆了他的「情緒地雷」，讓他開始不信任朋友。這位軟體設計師總認為合夥人之間的意見分歧，是公司即將分裂的跡象，這種想法導致他強烈的焦慮感，然而他一再試圖忽略、蔑視或否認這種焦慮，只好經常對夥伴發怒，以掩蓋他對公司未來的深度焦慮。

最近一項研究發現，憤怒會導致廣義的焦慮症狀發生，其特徵是起伏不定的憂慮[7]。憤怒就和焦慮一樣，往往出於你對自己感覺失去控制。由此可見，憤怒與焦慮這兩種情緒顯然會相互刺激。

三種情緒之二：沮喪

沮喪的傾向取決於遺傳因素和生活經歷。沮喪的症狀包括抑鬱情緒、睡眠品質或食欲的驟變、嗜睡、疲勞、對各項活動缺乏興致，以及感到絕望、自認沒用。如果我們覺得沮喪，在試圖面對生活考驗時會產生孤單與無能感，甚至開始認為自己對壞事的發生束手無策。在這種情況下，沮喪會阻礙我們積極採取能改善問題的行動。

憤怒通常是因為沮喪而生的反應，而沮喪則來自悲觀與絕望的感覺。雖然男性和女性都會感到沮喪，但男性比較難有沮喪的自覺，也比較不願承認自己沮喪，因為他們常認為沮喪對自己的男子氣概造成威脅，因此選擇以憤怒來分散自己對沮喪的注意力[8]。

即使是輕微的沮喪，也可能導致感情變脆弱或萌生負面情緒——尤其是憤怒。沮喪也可能是因為對過去的決定或錯失的機會感到後悔，這些痛苦的根源可能導致持續性的憤恨，甚至悲痛。

伴隨疾病而生的沮喪也可能導致憤怒。疾病有時候會導致某些功能的喪失，無論是暫時性或永久性喪失，而憤怒的程度可能取決於人們原先的期望。例如，有些人不切實際地期望自己是天下無敵的，或者永遠不老的。他們可能因此認為自己生病是不公平的事，這種想法會加快他們發怒的速度。

憤怒，尤其是被壓抑的憤怒，可能是導致沮喪的主要原因。許多人飽受沮喪所苦，因為他們不承認自己的憤怒源自過去根深蒂固的苦痛。他們對自己的憤怒深感罪惡與羞愧，因此覺得自我價值低落。這是絕望與無助常見的情況，也是強烈沮喪的特徵。

沮喪可能是孩童時期在情緒或身體上遭到虐待或忽略而產生。即使是我們親愛的父母，也可能讓我們產生情緒上的苦痛。也許他們的行為使我們感到受傷害，讓我們不敢與他們分享感受。我們可能因此害怕表達自己的情緒，甚至因此感到憤怒。我們可能因此認為一定是自己做錯事，否則深愛我們的父母不可能如此對待我們。這種經歷會讓我們心裡產生憤怒。

研究指出，如果孩童時期經常感到羞愧，長大成人後比較容易感到沮喪[9]。羞愧與沮喪的關係非常密切。羞愧會導致沮喪，而當我們因沮喪而責怪自己時，也可能感到羞愧。這兩種情況都會使我們易於發怒。

我們可以理解：沮喪會導致憤怒，憤怒也會導致沮喪。我們同樣可以理解：負面態度會阻礙我們練習自我慈悲，但自我慈悲是自我連結、自我理解與自我安撫的基本要件。

三種情緒之三：羞愧

羞愧及避免羞愧的渴望，通常都是藏在憤怒背後的驅動力。有些研究學者表示，羞愧的產生，並非因為我們覺得自己「做了錯事」，而是覺得「我們錯了」[10]。羞愧就像罪惡感和尷尬，是我們覺得自己不符本身或他人的期待時，對自己萌生的負面評斷[11]。有的學者認為羞愧是「當我們認為自己在他人或自身眼中變得不受喜愛或不值得喜愛時的回應」[12]。

當然，一點點罪惡感或尷尬都能夠幫助我們更加社會化，畢竟每一個人都必須遵守特定的社會規範與期待，然而，當我們產生「有毒害的羞愧」，也就是足以癱瘓我們生活各個面向的羞愧，問題就來了。

心理學家暨作家麥克．路易斯（Michael Lewis）列出形成羞愧的三大重要因素：**一、藏匿的渴望；二、強烈的苦痛、不適和憤怒；三、覺得自己不好、無能與不值得**[13]。可用來表達羞愧感的字句包括：覺得「沒有安全感」、「一無是處」、「愚蠢」、「痴傻」、「不聰明」等等[14]。羞愧會形成一種具壓倒性的自我厭惡，這種自我厭惡如果過於強烈，甚至可能會引起自我鄙視。在這種情況下，我們會覺得自己沒有任何價值，無法認清每個人在某些方面都會有所不足。

羞愧會讓我們認為自己不屬於群體的一分子，甚至不配為人。羞愧也會讓我們變得退縮自閉，最後導致我們認為自己孤立無援。這種感覺讓我們無法自我慈悲，甚至將別人給予我們的慈悲拒於門外。羞愧和罪惡感都是負面的自我判斷，但罪惡感通常因特定事件而生，羞愧則是一般的感受。罪惡感通常也會促使我們盡力扭轉情勢。

童年的經歷會影響我們產生羞愧感的速度，如果持續對自己抱持負面感知，會使我們易於感到羞愧。家庭不睦、遭受虐待或被家人忽視的孩童與青少年，如果以這些理由責怪自己，往往比較容易產生羞愧感。對自己要求過高的孩童與青少年，也比其他人更容易感到羞愧。

有些「對人不對事」的概括性批評，最容易讓我們心生羞愧。以下例子可以說明這一點。

假設你是一個四歲的小孩，不小心將牛奶灑在廚房餐桌上。有慈悲心的父母會對你說：「你只是不小心，每個人都會不小心。我來幫你，我們一起把桌子擦乾淨，記得下次要多注意。」這個回答強調我們共同的天性，意即每個人都可能不小心出差錯，而且將探討重點放在牛奶潑灑出來，而不是你個人的行為。你的父母協助你解決問題，讓你知道這個世界和你的親人都願意支持你，而且你的父母還給你意見回饋，建議你下次要更小心。這種指導方式可以幫助你變得更能夠負責，並且避免將來再發生相同的意外。

你父母如果以相反的方式回應，也可能大大強化你的羞愧感。「你真是笨手笨腳！你笨死了！你一天到晚犯錯！你總是那麼不小心！看看你把桌子搞成什麼樣子！」這些評論顯然全部針對個人，也就是針對應該感到羞愧的你。這些評論透過憤怒傳達，內容包藏著父母對你的失望與厭惡。這種評論是概括性的，不是針對你所做的行為。「笨手笨腳」、「笨死了」、「一天到晚」、「總是不小心」等詞彙也是概括性的批評，表示父母並未抱有慈悲心，也因此破壞了你發展自我慈悲的契機。最後，這些評論並沒有提供任何具建設性的意見回饋，以協助你將來避免類似事件再次發生。

父母親這一類的回應，經常影響我們對一般事物的批判與回饋。假設時光回溯到你讀小學的時候，你剛剛把一份作業交給老師，老師稱讚你寫得很好，但是有一個字寫錯了。倘若過去對你影響深遠的家長和老師，向來都以「對事不對人」的方式給予你具慈悲心的回饋，這個時候你就會客觀接受現在這位老師給你的意見，不會感到羞愧與憤怒。你會以更實際且更慈悲的態度了解：任何人都一樣，學習過程中難免犯錯。

相反的，假設你已經發展出經常感到羞愧的傾向，可能會馬上將老師的回饋視為對你的總體負面評價。你會完全忽略老師說話時的溫柔語調，也忘記自己其實只是犯了一個小錯誤，甚至忘了老師對你整篇作業的讚美。你會動怒，還可能氣得把整篇作業撕掉，並且決定討厭老師、討厭學校，或許還連帶討厭所有的權威人士。

我們感知羞愧的傾向會大大影響我們的各種關係，也會影響我們如何面對生活中的考驗。快速發怒可以有效幫助我們擺脫強烈的羞愧感。琴恩是我的客戶，她的例子可用來說明羞愧如何導致我們發怒。

琴恩是一位二十來歲的大學生，她對許多事都缺乏動力，患有輕微的憂鬱症。她有完美主義的傾向，經常批判自己，以致上課表現不佳。她承認自己從來不在課堂上提問題，因為她害怕表現出自己無知的一面。經過幾次諮商之後，琴恩回憶起自己的過往經歷，她不愉快的往事就和我多年來的其他客戶一樣。

她回憶起她的母親教她游泳。一開始，她們一起站在游泳池的淺水區，但是她的母親在沒有事先警告的狀況下，突然將她抱起來，丟進深水區。

我問她是否還記得當時有什麼感受，並且替她感到難過。琴恩說她那時只能拚命游泳，但因為驚慌失措，只能在原處掙扎，然後就因為喝了太多水而無法繼續游。她一直認為自己當時應該可以馬上游泳自保，因此對自己的挫敗感到極度失望且憤怒。

我提醒她：她可能因為這次的經驗而學到與母親的互動方式，但與游泳無關。我也提醒她：她可能因此在心中烙下一種觀念，認為「我必須知道我不知道的事」。琴恩隨即明白，由於她對自己抱持這種不切實際的期待，才導致她的人生遭遇許多困難。

我以前有許多男性客戶在孩童時期遭遇類似的羞愧經歷。他們長大成人之後，就把他們的憤怒表現於外。他們經常需要感受自己是正確的或完美的。為了逃避羞愧感，他們總想證明別人是錯的，喜歡爭辯及傲慢專橫的特質，都只是他們協調內心衝突的方式。他們不願承認也不想接受自我懷疑或羞愧的感受，就以憤怒迫使別人讓步或直接退出討論。

羞愧也許是自我慈悲最大的障礙。培養自我慈悲可同時減少羞愧、焦慮、沮喪、自我批判、自卑與委屈順服，並可增加自我安撫與自我肯定的能力[15]。

●

以正念看待促成羞愧或反映羞愧的思緒，對於培養慈悲心而言，可能是一項考驗，但接下來的章節將可幫助你克服這些考驗。

進一步思考

1. 請辨識並清楚說出，你已經練習過哪些與羞愧、沮喪、憤怒、焦慮有關的處理方式。
2. 你認為羞愧和避免羞愧對於你的發怒有多大影響力？舉例來說：
   a. 你經常因為無法達到自己設定的標準而發怒嗎？
   b. 你經常因為被別人批評而發怒嗎？

3. 請以正念理解：自我懷疑也可能產生羞愧。
4. 你感到羞愧時，多半是出於特定理由嗎？抑或出於非特定的理由？
5. 你在發怒之後會不會感到焦慮？如果答案是肯定的，這種焦慮感對你有幫助嗎？

注解

1 D. Nelis, I. Kosou, J. Quoidbach, et al., "Increasing Emotional Competence Improves Psychological and Physical Well- Being, Social Relationships, and Employability," *Emotion* 11, no. 2 (2011): 354–356.

2 Goleman, *Emotional Intelligence*, 47. 中文版同第七章第五條注釋。

3 A. Fogel, *The Psychophysiology of Self-Awareness* (New York: W. W. Norton, 2009), 47.

4 Germer, *Mindful Path to Self-Compassion*, 66.

5 S. Hayes and K. Strosahl, *A Practical Guide to Acceptance and Commitment Therapy* (New York: Springer Science + Business Media, 2004), 27.

6 A. Freud, *The Ego and the Mechanisms of Defense* (New York: International Universities Press, 1946).

7 L. Abrams, "Anger and Anxiety: Two Sides of the Same Coin?" *gradPSYCH*, March 2013, at www.apa.org/gradpsych/2013/03/research.aspx.

8 R. Simon and K. Lively, "Sex, Anger and Depression," *Social Forces* 88, no. 4 (2010): 1543–1568.

9 F. Busch, M. Rudden, and T. Shapiro, *Psychodynamic Treatment of Depression* (Arlington VA: American Psychiatric Press, 2004).

10 J. Bradshaw, *Healing the Shame That Binds You*, 2nd ed. (Deerfield Beach, FL: Health Communications, 2005), 10.

11 J. P. Tangney and K. W. Fischer, *The Self-Conscious Emotions— The Psychology of Guilt, Embarrassment, and Pride* (London: Guilford Press, 1995).

12 P. Gilbert, *The Compassionate Mind: A New Approach to Life's Challenges* (Oakland, CA: New Harbinger, 2009), 315.

13 M. Lewis, *Shame: The Exposed Self* (New York: Free Press, 1995).

14 H. Lewis, *Shame and Guilt in Neurosis* (New York: International Universities Press, 1971).

15 P. Gilbert and S. Proctor, "Compassionate Mind Training for People with High Shame and Self- Criticism: An Overview and Pilot Study of a Group Therapy Approach," *Clinical Psychology and Psychotherapy* 13 (2006): 353–379.

第十章
對思緒進行正念練習與自我慈悲

對自己的想法進行正念練習與自我慈悲，可讓你自在接受自己的想法，視之為你能隨意思考的各種想法之一。這種正念可以幫助你區分某些思維是因情緒產生，或是經過理性考量。這種區分的技巧能讓你有時間進行選擇，因此別具意義，幫助你思考得更清楚。這種技巧對控制憤怒相當重要，使你在思考過程中更有彈性，因此不容易感受到威脅或對潛在的觸發事件產生反應。除此之外，意識自己的想法可幫助你更仔細辨識自身的需求和渴望，並且加以區分。

你必須喚起自己的慈悲心，才能真正解放思緒。由於探索自己的想法會讓你驚訝且感到威脅，因此抱持慈悲心特別重要。這種洞察力可以改變你的動力，讓你堅持練習自我慈悲與有益的憤怒。

對你的判斷抱持正念

以下方法可幫助你清楚辨識觸發事件讓你不經思考所做出的判斷。具體來說，這些方法將協助你以正念看待引起這種念頭的思維模式。

對你的判斷進行自我探詢

重覆填寫憤怒日誌可幫助你更精確辨識觸發事件使你做出的判斷。有些判斷很容易識別，但有些則需要深層的自我反思。你可以利用以下對話來進行反思，並探詢自己的感知。

查爾斯：我兒子麥特今年六歲，前幾天晚上他不太高興，因為我叫他把玩具收好，準備睡覺，但他還是繼續玩，一點也不尊重我。所以我生氣了，對著他大吼大叫。我告訴他，我再給他三分鐘的時間，要他快點把玩具收拾好。然後我就走出客廳，但是等我回到客廳時，麥特還在玩，那些玩具也依舊散在地板上。我立刻從麥特手中搶過玩具並扔進玩具箱裡。麥特開始大哭、鬧脾氣。我沒有安撫他，反而叫他離開客廳，去浴室刷牙。因此，觸發事件是麥特應該準備上床睡覺卻不聽話。

我：你怎麼判斷這件事？

查爾斯：他沒有乖乖聽話，也沒有照著我的意思做。

我：還有呢？

查爾斯：喔，對。他不尊重我。

我：還有呢？

查爾斯：呃，我不知道。這個星期已經發生三次類似的情況了。

我：你覺得他故意想要激怒你嗎？

查爾斯：不，我現在已經不會這麼想了。

我：你的意思是，你以前做過這種判斷，但這一次你不這麼想？

查爾斯：是……但是，現在仔細一想，我覺得自己當下的某個判斷是：「他又開始了！」

我：如果這是你的判斷之一，表示你動怒的反應並非只出自這個單一的觸發事件。

查爾斯：喔，當然。我當時立刻想起麥特上次也做了同樣的事，而且就在兩天前的晚上。

我：上一次你花了多久的時間才讓麥特上床睡覺？

查爾斯：事實上，光叫他安靜下來，我就花了二十分鐘。

我：所以你當時的其中一個判斷是不是：「他又開始了，我又要花二十分鐘才能讓他上床睡覺了」？

查爾斯：對，我馬上覺得這種事情又要重演一次。其實，現在回想起來，我當時好像還大聲罵麥特：「你又開始了」。

我：當你與麥特進行這些互動時，還發生什麼事情？那二十分鐘你原本打算做什麼？

查爾斯：我和我太太租了一部電影，那天晚上本來要看。我一直很期待好好休息一下，坐下來讓自己放輕鬆。

我：也許你當時萌生一個結論，認為自己沒有辦法好好放輕鬆？

查爾斯：沒錯，因為我和我太太一整個星期都沒有時間可以坐下來看電影。

和查爾斯談話的過程中，我把自己當成查爾斯進行自我探索的夥伴，並且試著表達我的慈悲心，不做任何批評，只以開放和好奇的態度鼓勵他、支持他。

從你的負面情緒著手

想要辨識自己的判斷，另一種方法是先確定自己的負面情緒，然後回溯發生了什麼事，並且問問自己為什麼會產生這些感知。比方說，如果你覺得自己被貶抑，表示你在不經思考的情況下產生「他／她貶抑我」的反應。如果你感到焦慮，則可能表示你把觸發事件視為對你未來安全的威脅。如果你感覺自己被背叛，也許你會決定不再把對方當成朋友。

請從第八章的情緒列表中找出經常讓你發怒的五種負面情緒。試著回想引發這些感知的事件，以及你當下做出的判斷。完成這項練習，就可以幫助你找出你最常見的判斷。

以正念看待批判

請以正念區分你如何看待自己的想法：你的眼光是自我慈悲，或是自我批判？請以正念看待自己動不動就把自己評判為「痴傻」、「愚蠢」或「荒謬」的行為。這些批判會干擾你的自我覺察，並且妨礙你的練習。我們可以理解，你的許多判斷都是為了保護自己不受傷害，因為你認為自己重要的需求或渴望可能遭遇考驗或挫折。當然，你有一些當下所做的判斷並不合乎邏輯。以下對話顯示我們經常會有批判的傾向。

我：妳剛才描述的感受，發生於妳丈夫在妳公婆面前與妳意見相左時。妳特別強調自己感到失望、受傷、不被尊重與挫敗。挫敗這個字眼有一點強烈，但也許妳可能只有輕微程度的感受？另外，我也想知道：妳有沒有被他背叛的感覺？妳會不會因此做出結論，認為他背叛妳？

歐爾佳：不，這種結論不合理。我不覺得被他背叛，因為我知道他很愛我。

我：判斷不一定要合理。妳也許「知道」他很愛妳，但不見得無時無刻都「覺得」他愛妳，畢竟我們所愛的人也可能背叛我們。

歐爾佳：呃，雖然我不想承認，但我當時覺得很尷尬，因為我認為我丈夫完全站在我公婆那邊。我知道這種想法很蠢。

我：這可能只是妳的理性思維，但妳在情感層面可能會有不一樣的感受。

如果想要對那些乍看之下矛盾、不合理或令人不舒服的事件保持正念，就必須抱持一種覺察包容（welcoming awareness）的態度，也就是以開放的心態去觀察，而非加以分析。

幫助你辨識判斷的另一種方法

判斷與你的「第一念頭」息息相關。「第一念頭」就是你對某事所做的結論、所下的定義，或是所給的意見。完成下列的句子，可讓你用另外一種角度辨識自己的判斷：

1. 觸發事件發生時，我做的結論是＿＿＿＿＿＿。
2. 如果他／她當時＿＿＿＿＿＿（做某事），就表示他／她＿＿＿＿＿＿。

3. 如果他／她當時______（做某事），就表示我______。

4. 如果我當時______（做某事），就表示我______。

5. 如果發生那種事，就表示______。

提升對期待的正念

有益的憤怒取決於認知並區別「理性思維形成的期待」及「兒童邏輯形成的期待」。比方說，你可能希望你的伴侶守時，儘管你們交往五年來對方從來沒有守時過。或者，你可能期待你的伴侶能和你一樣認真打掃住家環境，或是期望對方能對你的嗜好表現出多一點興趣。有時候，如果回頭看看自己以前的期待，有助於確認自己的期待是否合乎實際。你可能會認為自己的期待非常合理，然而你覺得合理的事，對別人而言並不見得如此。

這不表示你就得放棄懷抱希望。相反的，這代表你以前努力的事尚未滿足你的渴望，但如果繼續堅持相同的期待，只會讓加深你的苦痛與憤怒。你可能需要找出新方法來滿足渴望，或者看清自己何時應該放掉舊方法。

檢視第七章的期待列表，可幫助你辨識自己的期待。請將列表上的期待套用在自己的實際情況上。

對引燃憤怒的期待和判斷等思維抱持正念

某些類型的思維與思考模式可能會使我們易於發怒，尤其是受到兒童邏輯影響的情況下。以下內容將舉出這種思考模式的重要實例。

認知扭曲

心理學家大衛．柏恩斯（David Burns）在其暢銷著作《好心情手冊》（*Feeling Good*）中討論**認知扭曲**（cognitive distortions）時，以認知心理學的論點表示認知扭曲是反映判斷錯誤的思維[1]。他強調了思維在影響我們感受時所扮演的角色。更早之前，認知理論學家就已經指出思維對情緒的影響力，然而當時並沒有表明我們的情緒也可能影響思維。事實上，思維與情緒兩者都會對認知扭曲造成影響。請審視以下幾項關於扭曲的描述，並評估它們會如何影響你的期待和判斷。請特別確認扭曲會增加你多少威脅感，以及強化你多少包括憤怒在內的負面情緒。

- **非黑即白**

以「非黑即白」為基礎的期待和判斷會加速我們發怒。這種思維是概括且僵化的，會干擾我們開放的態度和洞察細節的能力。非黑即白也會阻撓我們去留意與自身觀點矛盾的事物。有些常見的思維方式可反映出非黑即白的想法，例如「你要不就愛我，要不就不愛我」，以及「如果你不是我的朋友，就是敵人」。

請傾聽自己的思緒及說出口的話語，如果你經常使用「永遠」和「永不」這類詞彙，就表示你可能有非黑即白的思維。你這種極端的想法愈多，愈可能感受到各種負面情緒，包括沮喪、焦慮、羞愧與憤怒。如果你以這種態度來評估自己，就更容易產生負面情緒。非黑即白的思維會讓你產生批判性的想法，例如「如果我不完美，我就是失敗者」。

這種非黑即白的思維會破壞我們的宏觀能力，使我們無法彈性地認同人類天生的複雜性，讓我們忘記「任何單一行為都無法代表我們的整體」，而我們的兒童邏輯會令我們如此認定。

非黑即白的思維往往從焦慮和不確定感而來，因為我們需要了解感知，導致我們迅速為自己的感知貼標籤，因此忽略它們獨一無二的小細節。這種絕對性的思維方式讓我們得以與自己和諧相處，但面對人生的複雜時，則會感到困惑，因為這種非黑即白的想法沒有考慮到生活中大部分的事物都涉及灰色地帶，包括缺乏一致性或不符合任何特定模式。一概而論會阻礙我們對自身內部感知以及外在世界的認知。

基於非黑即白思維而生的期待，讓我們在人際關係中產生強烈的不滿足與憤怒感，尤其是在具有特殊意義的重要關係中。「如果你這麼做，就明顯表示你不愛我」這種想法，就是對摯愛關係的真實性缺乏認知，因為即使真正愛我們的人，也還是可能會讓我們失望，或者傷害我們。

請牢記以下的想法，以便更加留意非黑即白的思維：

1. 你也許聰明，但還是會做出一些蠢事。
2. 你也許深愛某人，但還是可能偶爾對他或她發發脾氣。
3. 別人有時候可能會忽略你，即使他們在乎你、希望你一切安好。
4. 你生活中的某些部分可能很好，而某些部分可能很糟。
5. 就算你生活中的某部分面臨考驗，不代表那個部分就永遠無法順遂。
6. 我們的許多感知會同時有好、壞兩面。

非黑即白的想法會以許多種方式引發我們的憤怒。我們經常將自己的感知歸為某種類型，但實際上那些感知可能不屬於任何類型。這也是引發沮喪與憤怒的其中一種公式！

• 以偏概全

「以偏概全」是我們發現單一的負面事件之後，就以此做出結論。比方說，我們在繪圖時出了錯，就馬上認定自己完全沒有藝術天分。或者，我們看見某人的某種行為，就認定對方在其他方面的行為也是如此。根據柏恩斯的理論，這種思維方式經常導致我們感到沮喪，並且使我們萌生錯誤的期待，因此容易動怒。

以偏概全會讓我們在資訊不足的情況下做出結論。為了練習有益的憤怒，我們必須明瞭自己過往的經驗會不會對我們目前的假設造成過度影響。當我們以偏概全時，經常會不經思考就做出判斷。

貝瑟妮是我的學員，她認為她丈夫奈森在生她的氣。「他總是對我大聲說話。」貝瑟妮告訴我。貝瑟妮來自一個不常討論情緒的家庭，他們一旦生氣，總是大聲地以威脅口吻表達憤怒。奈森與貝瑟妮不同，他的原生家庭經常在互動時大聲說話，而且情緒激昂。

另一位學員傑瑪爾則是對女朋友感到生氣。傑瑪爾對我說：「每次只要她晚回家，我就會往壞處想。我想像她在沒有我的場合中玩得比較開心。有時候，我甚至認為她根本不想回家。」傑瑪爾的結論可能源自他的不信任。這種情況可能是因為我們在評價別人時自信不足，並且深受兒童邏輯的影響，尤其是在面對那些我們最期望對方給予關愛的人時。

我曾經輔導過許多青少年，他們常常說：「我彈這首歌的時候很不順，我想我應該放棄吉他了。」這些年輕人會因為犯了一點小錯而以偏概全，對自己感到極度失望，甚至認為自己永遠學不會彈吉他。

在第一個例子中，貝瑟妮的兒童邏輯持續引導她做出「丈夫因為生氣而說話大聲」的結論。在這種情況下，她的兒童邏輯是為了保護她自己。如果她只是個孩子，這種想法可能有用，但對她的婚姻卻沒有任何幫助。

第二個例子顯示傑瑪爾以偏概全地認定「不被愛」的感覺。因為傑瑪爾已經認定自己不被愛，因此立刻得出結論，覺得他的女朋友一定也這樣想。

第三種情況則顯示，許多青少年深信自己應該要是「零弱點」，所以動不動就產生以偏概全的想法。這種以偏概全也可能來自他們不實際的兒童邏輯，誤認人應該要輕易學會各種技能，而不會遇上任何挫折。

●情緒推理

這種類型的認知扭曲，傾向認為「因為我感覺得到，所以這種感覺必定是真實的」。我們的兒童邏輯經常導致我們產生反映這種「情緒推理」的想法，這些念頭可能包括：「我覺得很生氣，所以我一定有動怒的權利」、「我覺得自己遭到妻子背叛，所以她一定背叛了我」，或者「我覺得被他貶抑，所以他一定很貶低我」。

情緒推理會使我們看不見其他相反的證明，這種錯誤的想法終究會使我們易於發怒。

• 應該如何

如第八章所述，認為別人或自己「應該如何」的想法，顯示你太堅持內心的期望，並且會以這種想法去批判別人與自己的想法、感受及行為。

事實上，我們這種「應該如何」的想法，會形成許多讓自己易於發怒的期待。每一個人的行為都不相同，各有獨特的方式因應生活考驗，而且各有自己的喜好和厭惡。儘管如此，由於我們除了自己的觀點，什麼都看不到，所以經常認為別人是錯的。這種缺乏彈性的思考模式，會影響我們對別人和自己的評斷，無論我們是否意識到這一點。「應該如何」的想法讓我們易於感受威脅及負面情緒，而這兩者都可能導致憤怒。

• 個人化

受到個人化的影響，當負面事件發生時，即使你不是唯一得負責的人，也會馬上責怪自己不好。這種傾向會讓你對自己與他人發怒，也是一種對自己太過嚴苛、缺乏自我慈悲的例子。

其他對期待與判斷產生負面影響的態度

除了柏恩斯探討的「認知扭曲」之外，還有別的想法與態度顯然也會對期待與判斷有所影響。有的可能會與已知的認知扭曲同時發生，有的則源自更常見的思考方式。

•完美主義

堅守對於完美的期待，從許多面向而言都有破壞性，但也有一些對完美主義的堅持具有建設性，例如考試得到滿分、音樂演奏完美，或是打高爾夫球一桿進洞，都能給予我們正面的回饋。我們在努力學習及鍛鍊技能之後得到成功，能讓我們產生滿足感，使我們覺得快樂。

有益的完美主義，意指替自己設定高標準，同時清楚認知生活中大部分的事物不可能完美。這可幫助我們在面對考驗時堅持下去，或者集中注意力，讓我們表現得更好。有益的完美主義可以幫助我們跳出舒適圈，努力實現我們的目標。雖然過程可能涉及與他人競爭，但通常只會根據自己以往的表現來設定目標。

有益的完美主義有賴我們在未達目標時自我慈悲，而非自我批判。這種自我慈悲的意思，是指以明智的態度辨識面臨的阻礙，並思量未來還有哪些不同的方法可行。自我慈悲也有助於我們一開始就先確定目標是否合乎實際。

當然，當我們無法達到完美境界時，可能會感到失望或沮喪，因而產生些微程度的惱怒。然而，相較於因「適應不良的完美主義」所生的憤怒，這種動怒的反應通常是溫和的。嘗試補償無能的感覺，有時候會變成有害的完美主義。有害的完美主義通常是因為想要避免被批評、被拒絕或感到羞愧等威脅，只會讓我們一心躲避不舒服的感受，而非朝著目標邁進。

有些人在努力追求完美時，如果遭遇阻礙或挫折，就會因此產生強烈的焦慮。這種完美主義是我們在害怕失敗或擔心自己一事無成時，用來提升自信的方式。我們可能會將自己的不完美當成對自尊心或自身價值的威脅，因此不經思考就萌生使我們易於發怒的負面評價，尤其是對自己的負面評價。

當我們無法達成目標時，例如學習新技能、學會某種運動或展開嶄新職涯，就可能因此對自己動怒。如果我們把期望設定得過高，這種感覺就會出現。有些人會因此不再嘗試；有些人則會被完美主義打敗，失去完成目標的動力。有些人只要有一點點不適感，就馬上宣布放棄；有些人只差臨門一腳，就能達到目標。還有許多完美主義者無法容忍別人的不完美。

我某位客戶的姊姊在高中時期是非常優秀的泳將。有一次，這位客戶與她姊姊比賽游泳，結果贏得勝利。她的姊姊因此感到挫敗，第二天便退出校隊，並發誓再也不游泳。這個決定顯示出她的憤怒，因為她認為自己未達自身的期望。這是出於過度自我要求的決定，她無法接受自己不是最優秀的。

●需要感覺自己是正確的

當我們與人爭辯時，如果立於正確的一方，會讓我們感覺良好，這點無庸置疑。感覺自己是正確的，可讓我們在內心深處得到肯定，並且使我們覺得自己被接納，進而提升自信。我們可能因為自己所說的話、所做的事，或者所知悉的內容而感到自己是正確的。

然而，強迫自己「必須正確」，會對我們的生活有截然不同的影響。這種需求會變成一種執迷，導致我們產生不切實際的期待與判斷。我們可能會因此耗費大量精力與時間，試圖在別人和自己眼中成為正確的一方。

這聽起來明顯易懂：**我們對錯誤的恐懼，迫使我們必須成為正確的一方。然而我們沒察覺的是，成為錯誤的一方會讓我們產生強烈的負面情緒**。為了避免感到羞愧、被拒絕、無能或感覺失敗，也為了逃避感受自己出錯時的脆弱，我們會迫使自己成為正確的一方。這會讓我們在無形之中對自己設定極高的標準，進而導致羞恥、退縮與自我批評。此外，需要感覺自己是正確的，就像需要自己力求完美一樣，往往反映出對自我過於苛刻的心態。

• 自認應該享有權利

有些人認為自己應該享有特定權利，這種想法會讓他們更容易快速發怒，因為他們的期待不適當也不實際，誤以為所有人都「應該」對他們比較好。他們經常抱持一種自己「比較特別」的心態，因此別人應該禮遇他們。懷有這種心態的人會認為自己不應該遭遇挫折，他們相信自己的需求和渴望都應該優先於其他人，但這種想法會導致他們發怒。

兒童邏輯顯然會影響我們，讓我們覺得自己應該享有特定權利。這種自以為是的想法和態度，會降低我們對別人表達慈悲的能力，使我們難以區分需求與欲望的差別，以致我們格外容易發怒。

• 認為人生應該是公平的

相信人生應該是公平的，是形成憤怒的強大基礎。這種想法來自兒童邏輯，沒有意識到人生其實不公平，這種想法也忽略了一項事實：身為人類，表示我們有時候會受苦，無論我們是什麼人、如何過生活。

我們可能會生病、會遭遇經濟困難、會感到失落、會有人際關係的衝突或其他創傷。有些人受的苦會比別人多，但這是身為人類無可避免的事。如果堅信人生應該公平，只會增加我們的苦痛與憤怒。正如猶太教拉比哈洛德・庫什納（Rabbi Harold Kushner）所言：壞事可能發生在好人身上，有時候好事也會發生在壞人身上[2]。

比方說，你可能認為：如果你注重飲食均衡、定時運動並且睡眠充足，就能夠無病無痛。但儘管上述行為有益健康，卻不能保證你絕對不生病。同樣的，你可能深信：如果你多多行善，好事就會發生在你身上。或許行善會增加遇上好事的可能性，但誰也沒有辦法保證，就好比你有虔誠的宗教信仰，但還是可能會經歷生活的種種苦難。

●「欲望」與「真正需求」的混淆

如果我們深信自己的欲望（desire）就是需求（need），可能會因此變得容易發怒，因為這會降低我們感受威脅與負面情緒的門檻。所謂的負面情緒包括受到傷害、感到失望與覺得悲傷。我們最基本的需求，是用來維持生命的事物，例如食物、衣服與住所。與需求相近的欲望，則包括我們的人際關係、金錢財富，或是上班所需的交通工具。至於其他的，只是你的渴求或願望。雖然渴求或願望能改善我們的生活品質，但並非必需。不幸的是，許多人深信我們「需要」擁有特定物品、經歷特定事件，或者認為別人必須對我們做特定行為。

我無意建議你放棄那些可讓生活更加充實的欲望。畢竟我們在前面章節談過，你的大腦在某些部分會幫助你朝這方向發展，但如果你對快樂的定義是滿足「欲望」，而非只是滿足

「需求」，就會比較容易感到憤怒。

舉例來說，希望得到他人的肯定、希望與我們喜歡的人產生強烈連結，都是非常自然的欲望，然而許多人認為自己「需要」被「所有人」接受與喜愛。這可能是由於缺乏自信、依賴感過於強烈，或者沒有安全感。因此，雖然我們希望受所有人尊重、欣賞和肯定，其實這並非我們所需。每次你誤將欲望當成需要時，就等於強硬地把「期待」變成「應該」，無論對別人或自己。

●太過聚焦於過去與未來，而非現在

你每天都可能會有各式各樣的念頭，但你所關心的「時區」究竟是過去？現在？還是未來？當你測量在第三章中學到的身心脈搏時，請以正念觀察自己的思維最常停留在哪個時區。

聚焦於未來，會把我們帶入未來，為未來設定目標，也能賦予生活意義，並且豐富我們的人生。它為我們提供方向，讓我們得到力量和主控感。儘管如此，如果我們太專注於未來也不妥，無論所謂的未來是接下來的數天、數週、數月還是數年，因為我們可能會過度想像未來的幸福，以致無法在現在的生活中創造快樂。反之，對未來的擔憂或恐懼，則可能導致我們為了掌控全局而耗費過多精力。

相對的，有人可能會專注於過去。回顧過去當然有助於現在做出明智的選擇，我們可用懷舊的心情去回想多年來正面積極的人際關係或生活體驗。以這樣的態度回顧過往，可讓我們感知那些塑造並充實我們人生的歷史往事。當然，如果我們要繼續向前邁進，也需要好好哀悼過往的苦痛，因為這麼做可以讓我們的情緒更健康。然而，太關注於過去，可能會導致我們一味以過去的體驗來觀察生活中發生的一切。倘若我們過去曾遭遇過困難，現在就可能會對生活中的種種感到威脅，即使威脅根本不存在。

過度聚焦於過去或未來，只會浪費太多時間在胡思亂想上。擔心未來或拘泥過去，都會形成焦慮和沮喪，讓我們無法活在當下、好好享受現在的人生。

●

本章的重點是讓你留意可能使你輕易動怒的思維與態度。下一章我們將介紹一些可幫助你觀察、接受及管理各種與發怒相關的反應、感受與想法。

進一步思考

1. 你與自己的兒童邏輯關係如何？當你明瞭自己的情緒會左右某些想法時，你的感受是否舒服？你觀察自己的想法時，會不會感到尷尬？如果答案是肯定的，你可以透過自我慈悲來解決這樣的反應。
2. 你的思維屬於哪種認知扭曲？你知不知道自己為什麼會以這種方式思考？
3. 你有沒有完美主義的傾向？你是否在某些方面力求完美，但某些方面又不是那麼在意？如果你是完美主義者，你對自己的完美要求，有多少比重是有益的？多少比重是有害的？
4. 當你與別人爭執時，你要求自己必須正確的程度有多強烈？你是否明白自己為什麼會抱有這麼嚴格的期待？
5. 對於「人生應該公平」的想法，你小時候是否接收過任何相關訊息？
6. 你專注於過去或未來的程度有多高？你是否覺得自己的思緒經常脫離現況？請試著以正念面對那些轉移你焦點或注意力的觸發事件。

注解

1 Burns, *Feeling Good.* 中文版同第七章第八條注釋。

2 H. Kushner, *How Good Do We Have to Be?* (Boston: Little, Brown, 1997), 9.

第十一章
對有益憤怒練習自我慈悲

本章所介紹的練習，都是你目前為止學過的內容。這些練習可幫助你以自我慈悲的方式看待讓你動怒的各種觀點。這個過程中最重要的步驟，就是對受傷的自我表達慈悲之情。慈悲焦點治療的研究已經證實，自我慈悲可在你與自己的對話（即「自我對談」）中表現出來。這意謂著以正念投入自我對談，讓具備慈悲心的自我，能與受苦的自己展開對話。這種自我對談讓你的內心深處感到安全且平靜，使你專注於苦痛，並藉此跨越它。

將慈悲導向受傷的自我

憤怒與隨之而生的感覺，會讓你的身體及情緒產生極大的不適感。正念可減緩你反應的強度，自我慈悲則可為你的苦痛表達同情之意。以下練習將可幫助你更容易喚起自己的慈悲心，讓你在感覺憤怒時紓解你的苦痛。

進一步練習 針對你的憤怒經驗練習慈悲

首先，請針對一件讓你發怒的事情填寫憤怒日誌，然後找一個舒適且不受打擾的地方坐下，輕輕閉起眼睛，花一點時間練習正念呼吸。

接下來，請進行第五章的練習，選擇最能有效激發你慈悲心的項目，並且與具有慈悲心的自己共處一會兒。

請想像在你面前不遠處坐著另外一個你。那個你正感受到威脅與憤怒，也感受著悲傷、被忽視、被拒絕、羞愧及任何包藏於憤怒底下的負面情緒。請想像自己的模樣——無論是現在的你或人生某個階段的你，練習時如果看著自己的照片，可能會對你有所幫助。

現在，請想像自己正經歷憤怒日誌上那個觸發事件帶來的苦痛。花一點時間仔細觀察自己，留意自己的臉部表情、身體姿勢與整體行為如何表達痛苦，並想像自己說：「我覺得______（憤怒或其他負面情緒）。」

這個時候，你必須完全專注，對那個受傷的自己表現慈悲之情。你可以透過下列方式表達：

1. 以短句表達。
- 我在這裡與你和你的憤怒共處。
- 我在這裡與你和你的苦痛共處。
- 這就是我們此刻的感覺。
- 我們再多撐一會兒。
- 我知道這種感覺很不舒服。
- 我們現在什麼都不必做。
- 我知道你可以應付得來。
- 我在這裡陪伴你。
- 你可能會覺得自己無法面對這種情況，但是我會幫你。
- 我不會離開你。
- 我會坐在這裡陪你。

2. 運用臉部表情。想像自己運用臉部表情，對那個受傷的你表達溫暖又真誠的慈悲。

3. 眼神接觸。眼神接觸可讓我們與別人連結。想像自己往那個受傷的你靠近一些，並且看著對方的眼睛。
4. 檢查自己的姿勢。想像自己將身體往前傾，以這種姿勢專注看著受傷的你。
5. 進行身體接觸。想像自己充滿慈悲地與受傷的你進行身體接觸。比方說，你可以想像將手放在對方的頭上或肩膀上，也可以只是握著對方的手。

這項練習可以幫助你清楚區分具慈悲心的自己和受傷的自己，重點在於觀察自己的苦痛，並且與其共處，而不試圖修復。這項練習的另一個重點，則是提升你內在感知的包容度，好讓自己覺得更加舒坦。

對思維的自我慈悲

有益的憤怒，意謂明瞭並接受感性大腦可能影響並扭曲我們的期待和判斷。在期待和判斷萌生時加以辨識，必須靠著以慈悲心觀察並對其回應。

受到傷害的你，會產生扭曲或不切實際的期待與判斷。以下的陳述表示你以慈悲心看待這些期待與判斷。這些陳述表達出你對這些期待和判斷的全心接受，同時也表示：無論你有多麼與眾不同的過往經歷，這些都是相當自然的反應。

- 因為你以前經歷過那些事，你當然會朝著這方面去想。
- 這對於你的感性大腦而言十分合理。
- 這是可想而知的事。
- 這就是我現在的感想。
- 這種事情又發生了。
- 這種事情並不陌生。

當你想放掉某些期待時，會發現以下這些自我慈悲的回應很有幫助：

- 如果期待可以成真就好了。
- 如果期待可以成真，該有多好。
- 人生（他／她／事情／世界）沒有辦法依照我的期待而行，真是不幸又讓人失望，使人感到悲傷。

喚醒你的慈悲智慧

下列問題與你的判斷有關，回答時請喚醒自己的慈悲智慧（見第四章）：

1. 我的判斷精準度如何？
2. 如果我的情緒狀態不同，會做出什麼樣的判斷？
3. 我可以做出哪四種與自己無關的判斷，來解釋眼前發生的事件？
4. 如果我的判斷是正確的，我能怎麼做？
5. 如果我的好友遇上同樣情況，我能給他什麼樣的建議？

對需求與欲望的自我慈悲

自我慈悲就是在明瞭某些欲望無法被滿足的時候，對自己表達出同理心與同情。欲望無法被滿足時，哀傷和痛苦都是很自然的感受，這時對悲傷的自己表達慈悲，並且哀悼未能達成的欲望，都是放掉憤怒的重要關鍵。

當你的需求或欲望無法得到滿足時，你可以對受傷的自己表達下列的慈悲回應：

- 放棄自己的欲望真令人感到難過。
- 我來幫你滿足你的需求。
- 我會陪伴著你和你的哀傷。
- 我會幫忙照顧你。
- 你可能認為自己的欲望就等於需求，但其實並非如此。
- 我來協助你抒發哀傷。
- 你真正需要的是什麼？

以慈悲心接受整體感受

你可以將下列陳述套用在自我對談中，以慈悲心接受你所面臨的情況：

- 人生充滿考驗，我會盡我所能，面對現在這種情況。
- 我現在所感知的，就是我所感知的。
- 我有能力感知自己所感知的，並且完成必須完成的事。
- 我能接受讓自己發怒的原因。
- 我能接受自己的過去。

你愈常以自我慈悲的方式填寫憤怒日誌及回應各種感知的觀點，在現實生活中遇上觸發事件時就愈能以自我慈悲的態度面對。

自我慈悲的練習例子

以下的例證包含了我們目前為止學到的各種練習，並顯示認可、同理心和同情在我們對憤怒表達自我慈悲時扮演的角色。

我在會客室和狄倫碰面。他握手時很用力，臉部表情僵硬，讓我一眼就看出他很緊張。就連他打招呼時所說的「你好」，口氣聽起來也相當緊繃。他以緩慢且沉重的腳步走進我的辦公室。狄倫的身高超過一百八十三公分，年紀三十多歲，體格結實。因為他被迫前來接受憤怒管理諮詢，所以全身散發著一股怨氣。

和某些客戶一樣，狄倫也是奉主管之命，才來尋求憤怒管理諮詢。狄倫告訴我一連串讓他發怒的事——一件比一件嚴重。這些事件前前後後共延續了兩年的時間，最近一次爆發終於讓他的主管忍無可忍。

狄倫已婚，有兩個孩子。他的妻子原本是全職媽媽，但現在準備找工作貼補家用。狄倫在一間資訊科技公司工作了七年，之前曾在別家公司服務，但那間小公司在無預警的情況下倒閉。

狄倫一開始對自己目前的工作非常滿意，但隨著時間慢慢經過，他變得愈來愈不開心。當初他面試這份工作時，公司並沒有告訴他必須經常出差，如今他因為自己必須一天到晚出差而感到厭煩。他覺得自己不受公司的支持和認可，也認為自己的薪水太低。之前他在公司發脾氣時，甚至以不客氣的口吻對主管和同事大聲說話。最近這次的大爆發，狄倫不僅對主管大吼，甚至口出穢言，並且在猛力起身時不小心翻倒了椅子，還走到主管的座位拍桌。

讓狄倫動怒的觸發事件，是主管的一份報告。這份報告表示狄倫的客戶給了他負面評價，因此主管立即撤換狄倫的業務，事前沒有先與狄倫溝通。

我與狄倫討論幾次之後，狄倫承認了某些讓他愈來愈容易動怒的原因，主要是因為他這幾年所遭遇的事。狄倫對於突然失去前一份工作心存怨念，因為他認為前一間公司刻意隱瞞財務狀況，讓他有受騙的感覺。那家公司毫無預警地倒閉時，狄倫和妻子已經育有一個一歲大的孩子，第二個孩子也即將出世。他們當時才剛剛買了新房子。

狄倫目前的主管已上任兩年，在工作方面，他對狄倫的期待顯然與狄倫對自己的期待大不相同。經過自我反思及練習填寫憤怒日誌之後，狄倫的回應如圖17所示。

狄倫的妻子最近打算以兼職的身分重返職場，這件事讓狄倫感到焦慮，因為他覺得自己的經濟壓力會因此變得更沉重。

我先與狄倫分享了憤怒的形成結構，並且讓他進行正念練習及自我慈悲。他以日前業務被轉換為觸發事件，填寫了憤怒日誌，接下來我才協助他一步步投入後續的自我慈悲練習。

首先，對自己的身體和包括憤怒在內的負面情緒練習自我慈悲。就狄倫的情況，練習自我慈悲要先從辨識下列感知開始：因憤怒而生的身體不適，以及被背叛、焦慮、不受尊重和無能為力的感覺。狄倫還練習喚醒自己的慈悲心，並且以正念呼吸，減緩肌肉的緊

圖17　狄倫的憤怒日誌

驅動力 →	期待 →	觸發事件 →	判斷 →	負面情緒 →	憤怒（依程度從1到10）
渴望別人誠實、給予尊重及認可，也希望自己財務與工作穩定	我的主管應該尊重我，並且對我誠實。 我應該減少出差的次數。	主管自行決定更換我的業務，沒有事先通知我。	我無法信任他。 他不尊重我。 我可能會失業。 我的財務壓力會變重。 我當初根本不應該來這間公司上班。	被背叛的。 無法信任的。 焦慮的。 不被尊重的。 無能為力的。 被欺騙的。	9

身體反應：胸口與手臂覺得緊繃，身體愈來愈熱，呼吸變得急促。
自我對談：我不敢相信這個傢伙會這麼做。我應該辭職。我很想揍他一頓。我不喜歡這種生氣的感覺。
影像：把主管辦公桌上的東西全部掃到地板上。
早於觸發事件之前的過往事件和心情：從前在工作和其他方面都曾經感覺被欺騙及被背叛。

繃感。這些練習幫助他與自己的苦痛共存，讓他比較能不去擔心失去工作，降低被威脅的感受。

練習自我慈悲讓狄倫認清自己的感覺只是暫時的，他不必因為這些感覺而採取任何行動。他明瞭自己藉由發怒來分散過往的苦痛，也警覺到：如果老是因為動怒而自我批判，只會讓自己產生更加憤怒、焦慮、內疚及羞愧的負面情緒。

在這種時刻，狄倫懷著慈悲心對自己說：「我知道這種感覺很不舒服，然而我會陪伴著你，我會幫助你平靜下來，但你現在會感到緊繃和受傷。」「我們可以處理這種情況，我們可以與這些情緒共存，你現在會感到憤怒和緊繃。」狄倫還練習冥想來放鬆身體。

接著，對自己判斷練習自我慈悲。狄倫開始練習以正念看待自己的判斷，因為這是自我慈悲的一部分。他也對著焦躁不安和恐懼害怕的自己說話。狄倫透過下列方式對他的主管及工作進行判斷，並且小心不讓這些判斷流於批評：

想法1：「我無法信任我的主管。」

你現在有這種想法，是可以理解的。

他以前做過哪些事情是值得你信任的？

他可能還基於其他哪些理由撤換你的業務？

你從前在「信任他人」這方面是否發生過什麼事件？

那位客戶有什麼樣的需求？

想法2：「他不尊重我。」

你現在有這種想法，是可以理解的。

他以前尊重你嗎？

他在未告知你的情況下撤換你的業務，是否還有其他的理由？

你們可能有不同的期待，所以才會起衝突。

想法3：「我可能會丟了工作。」

你現在有這種想法，是可以理解的。

你過去的工作考績如何？

你失業的可能性有多高？

就算你真的丟掉工作，我會照顧你。

想法4：「我的財務壓力會變重。」

你有這種想法已經好一陣子了。

你會產生這種未經思考的想法是合理的。

我可以幫助你減輕你的壓力。

我可以試著釐清情況，以減輕你的壓力。

想法5：「我當初根本不應該來這間公司上班。」

你因為害怕和挫折，才會萌生這種念頭，所以你現在有這種想法是合理的。

你當初憑著自己的覺察力，決定到這間公司上班。

懷抱正念，不要用當初無法預知的事情來折磨自己。

像這樣，狄倫為自己扮演一位明智的家長，因此能對自己的立即判斷有不同的想法。

接下來，對自己的期待練習自我慈悲。由於狄倫一直以慈悲心面對讓自己痛苦的各項元素，因此他更有能力以下列方式回應受傷的那個自己：

- **我們的期待落空時，確實令人感到失望。**

- 如果人們都能照著我希望的方式去做，我當然會覺得好過一些。不幸的是，他們只會照著自己認為恰當的方式去做。
- 有時候，我們會懷抱不切實際的期待。
- 或許你（我們）應該試著放掉一些期待。
- 或許我的主管也承受了來自別人的壓力。
- 或許我應該對自己的期待更有彈性一點。
- 事實上，他並非一直都很誠實。
- 我們都只是凡人。

狄倫已經認清，如果改變或完全放棄某些期望，自然會衍生悲傷和哀悼，而自我慈悲在此時是不可或缺的。

最後，對自己的需求和欲望練習自我慈悲。對於狄倫而言，自我慈悲需要他激發智慧，以便了解自己的需求和欲望。狄倫發現，雖然他擔心缺少可滿足需求的金錢，但其實這些威脅感大部分來自他的欲望。能夠認清這種區別，是狄倫持續給予自己自我慈悲的重要關鍵。思考如何滿足自己的需求和欲望，也有賴他慈悲的智慧。

狄倫決定自信一點，去詢問他的主管為什麼不經討論就直接變動他的業務。仔細回想之後，狄倫發現以前也發生過類似的情況，讓他明白自己對於「主管應該誠實」的期待是不切實際的。狄倫還決定詢問主管，自己將來是否還能夠信賴主管的言行。

除此之外，狄倫也意識到自己必須與妻子討論他對家庭財務狀況的焦慮感。關於錢的話題，狄倫不曾對妻子坦白說出自己的感受和期待，但他們兩人都明白必須共同正視家裡的財務問題。

對於自己的每一個「自我」抱以正念

從狄倫的例子可以看出，喚起具慈悲心的自我，能幫助我們解決苦痛。這例子也說明了一件事：身為凡人的我們都擁有多重「自我」，而每一個「自我」都有各式各樣的驅動力。比方說，某個自我可能偶爾想與社會上的其他人互動，但另一個自我則渴望享受獨處的時光。同樣的，某一個自我可以完全專注於手邊的工作，另一個自我則可能喜歡開開心心吃喝玩樂。

在某種意義上，以正念看待各個「自我」，就是以正念看待自己希望發展的「自我」。在正念過程中，你可以自由創造並擴展自己。善於自我觀察的那個你，可以對自己的想法與感受抱存正念，並主動選擇你想擁抱或放掉哪一個「自我」。實際上，這是一種關鍵時刻，可讓你培養具慈悲心的自我。藉由這種方法，你可以決定自己想要如何生活。

關愛與仁慈的冥想

關愛與仁慈的冥想有賴你以溫柔、友善的方式與自己進行對談。「洞見冥想學會」（Insight Meditation Society）的共同創始人莎朗．薩爾茲伯格（Sharon Salzberg）曾特別強調，透過這種練習來培養你的自我慈悲及對他人的慈悲心，效果非常顯著[1]。以下的短句是你進行慈悲焦點練習與冥想時的重點之一[2]：

我可以遠離危險。

我可以擁有心靈上的快樂。

我可以擁有身體上的快樂。

我可以對身心健康感到安心。

這種關愛與仁慈會在你受到傷害或其他時刻表現出來。這種冥想內容是為了表達我們的善意，尤其是透過自我慈悲而生的冥想。

進行這些冥想時，一開始你可能會覺得尷尬或愚蠢。這些冥想內容可能會讓你感到不舒服，但也可能根本不會對你的情緒造成任何影響。然而，正如本章其他的練習一樣，愈常重覆這項練習，就愈能幫助你，你將漸漸從「認為自己應該自我慈悲」變成「感覺能給予自己自我慈悲」。

寬恕就是對憤怒給予慈悲的回應

寬恕是有益憤怒很重要的一部分，可幫助自己減輕所承受的苦痛。無論我們只是在心中原諒別人，或者將原諒說出口，都是表達了慈悲之情。選擇了寬恕這條路之後，我們可以先培養**寬恕之心**，也就是願意原諒別人的意念。寬恕會影響我們的期待和判斷，減少潛在的憤怒，並且幫助我們跨越憤怒。

寬恕的意義和目的

寬恕可以讓人慢慢釋放因「期望人生有所不同」而產生的憤慨，這麼做就表示你願意跨越那些與過往傷害及自責有關的憤怒。要做到這一點，必須在明白一切無法改變時心存哀悼，並且全然接受已經發生的現實。

寬恕不代表忽略或蔑視自己的苦痛，也不表示用理性去了解傷害，就能取代受傷的感覺。事實上，除非我們完全明瞭並感知自己的痛苦，否則無法真正原諒對方，並且繼續自己的人生。寬恕不代表我們縱容那些令我們痛苦的作為，或者允許那種作為繼續發生。練習寬恕不等於我們讓自己繼續受傷害，也不代表我們與傷害我們的人和解，但寬恕確實經常導致和解的結果。

人生有苦有難，這是相當自然的事。我們每個人都曾遭受各種傷害——只不過有些人受的苦難會比其他人多。雖然我們無法避免這種事，但擁抱寬恕是釋放苦痛的方式之一。

寬恕沒有特定的所需時間，它僅是一種**過程**。我們在試圖跨越傷痛的感知時，可能只需要單純又簡短的反思，但也可能需要花上幾個月甚至幾年的時間。而且，即使我們一再練習寬恕，仍可能認為某些行為依然是永遠無法饒恕。

寬恕的好處

培養寬恕可以讓我們遠離報復的念頭與感受，對我們的生活有深遠的影響。

- **根據研究證明，寬恕可以讓我們的情緒變得更健康，不僅減少憤怒、焦慮、沮喪，還可對生活產生更大的滿足感**[3]**。**

- 寬恕讓我們信任別人，並且與他人產生連結，使我們更樂於在人際關係中投注感情。
- 寬恕對我們的身體健康有益[4,5,6]。
- 研究結果認為，在我們最親密的關係中表現寬恕，可以改善解決衝突的方法，讓我們獲得更大的滿足感[7]。
- 寬恕的能力可強化我們在人際關係中的信任感，減少「失去」及「被拋棄」的擔憂。
- 寬恕可減少人性普遍會感受到的苦痛。

寬恕是自我慈悲的一種行動

一行禪師說：「我們與其他人及這個世界握手言歡的能力，在相當程度上取決於我們與自己和好的能力。」寬恕是幫助我們在傷痛中治癒自己的方法，無論傷害我們的是自己的言行，抑或別人的言行。這是一種自我慈悲的作為，如果沒有自我慈悲，我們會一直對自己心存不滿，而這種怨恨可能會導致自我厭惡及不健康的罪惡感與羞愧感。

自我寬恕就是放掉自我批判與嚴苛的評斷：自我批判與嚴苛的評斷會產生不健康的罪惡感或羞恥感，進一步形成沮喪。自我寬恕並不表示我們否認自己對某些言行的責任，而是將這些言行視為人性的一部分。這種自我慈悲來自我們的智慧，提醒我們未來要以正念做出更好的選擇。

寬恕他人，有賴我們對他們心存慈悲——不是因為他們所做的事，而僅僅是為了他們。有時候，寬恕別人這件事比較像懷抱希望，而非面對現實。

促成寬恕的一般準則

本書所有練習都能協助你培養寬恕之心。這些練習可幫助你辨識以往的傷害，不僅讓你與之共存，並且跨越那些苦痛。之前已經說過，培養**寬恕之心**有賴自我覺察與正念，你必須充分探索自己的過往，並且跨越過你最深的傷痛。

如果你無法跨越自己的傷痛，會導致你感知到新的觸發事件。當你再次對新的觸發事件反射性地下判斷時，可能會衝動地認為「怎麼又發生了？」無論你心裡是否完全覺察到這些感受，或者只有身體上的感知，這些從以往經驗而來的訊息都會引起你的注意。

寬恕的具體練習

許多方法與洞見都可幫助你擴展自己的寬恕力。

1. **辨識自己寬恕的底線**。這可幫助你確定自己的寬恕底線，也就是你在大部分情況下的寬恕能力。在你繼續閱讀本章其他更進一步的練習之前，請先前往 www.

heartlandforgiveness.com網站填寫寬恕量表，並且定期確認自己的練習進度。

2. **從你填寫的憤怒日誌裡找出自己的固定模式**。回頭檢視你已填妥的憤怒日誌，從答案中查看是否有一定的模式或主題，可反映你特別敏感的欲望。這些模式或主題為什麼是你對過往傷害所產生的反應呢？你最重視的渴望，也許是與人產生連結或者被人尊重認可，也許是擁有安全感或信賴感，或者是享有公平正義。雖然大部分的人都有這些欲望，但如果你因為無法得到滿足而經常感受到嚴重的苦痛，這些欲望就會變得愈來愈重要，最後可能導致你不容易練習寬恕。

3. **檢視你的期待與判斷**。找出自己進行判斷時的思考模式。你可能會發現自己動不動就認為別人想傷害你，或者經常做出自己被拋棄、被背叛或被拒絕的判斷，但其實都只是自己多心。有時候，你可能會將這些刺激投射在別人身上，實際上卻是你自己對他們懷有這些感覺或想法。

4. **檢視你的負面情緒**。觀察那些讓你動怒的負面情緒與相關威脅有什麼固定模式。這些模式可能是值得你關注的關鍵敏感處，或者是過往傷害所殘留的遺毒，需要你以自我慈悲去面對。也許你經常感到焦慮、害怕、一無是處、自我懷疑、疏離或被拒絕，這些經常發生或程度強烈的感知，可指引你進一步規畫練習自我慈悲與寬恕。

5. **仔細檢視自己所受的傷害**。在練習有益憤怒與寬恕時，最困難的考驗就是辨識自己最深的傷痛，並且釋放這些痛楚。你可以透過憤怒日誌來協助你完成這項任務。

將最深的一次受傷經驗寫進憤怒日誌

針對傷你最深的人填寫憤怒日誌，可幫助你清楚定義與這些事件有關的複雜情緒及想法，並且協助你跨越傷害。

試著對每一個傷害你的人填寫憤怒日誌。憤怒日誌可反映出造成你痛苦的重要互動模式。請先從傷你較少的人開始，然後再慢慢寫到傷你最深的人。一次處理一個傷害，無論要花幾天、幾週甚至更長的時間。請以正念描述你具體觀察到的行為。

假設在你成長的過程中，你哥哥經常讓你覺得自己被貶抑，相關的觸發事件很可能只是簡單的小事，例如「哥哥經常批評我、嘲笑我」。或者，如果你的父母疏於關心你，你的觸發事件則可能是「媽媽沒時間陪我說話，也沒有協助我了解自己的感受。」

辨識你對這些人的關鍵欲望、你對他們的期待，以及你的判斷與感受。這需要一點勇氣，但是清楚描述出完整的感知，會讓你充滿力量。填寫完成的憤怒日誌，將是你悲傷情緒的「重點摘要」。這是一個極具意義的步驟，讓你放掉你所受的傷害，並且擁抱寬恕。

請記住：寬恕往往只能像嬰兒般緩慢移動，需要漫長的過程。如果你與親友、伴侶或專業人士分享你心裡的感知，會對你有所幫助。

自我詢問以求寬恕

回答以下問題，可幫助你釋放你對那些令你痛苦的人所生的憤恨。

1. 就現實面而言，我是否有辦法做任何事改變對方的行為？如果答案是肯定的，我會如此認定，是出於後見之明？還是自己當時缺乏洞悉力？
2. 如果我發現當時有不同的選項，並因此感到後悔，我現在該如何原諒自己？
3. 我應該怎麼做才能夠改變這種情況？

與過往的苦痛共存，並且跨越它們

這本書目前提供許多方法，幫助你練習與過往的苦痛共存，並且跨越那些苦痛。為了讓你容易記憶，以下是這些方法的摘要：

1. 請以正念記住：痛苦本來就是構成完整人生的一部分。
2. 我們必須先承認並感知痛苦，然後才能治癒這些痛苦。

3. 我們必須盡可能清楚地為痛苦整理出分類。
4. 情緒之苦的強度，將會隨著時間慢慢減弱。

當情緒的痛苦讓你無法招架

自我慈悲包含以正念與專注力面對你在發怒時與發怒後產生的不適感。其中也包括辨識出痛苦讓你無法招架的情況。以下方法可幫助你面對這種時刻：

1. 坐下來，進行正念呼吸。
2. 進行第六章所描述的伸展活動，讓你的身體放鬆。
3. 想像自己身在一個安全又平靜的地方。
4. 選一種可讓自己全神貫注的活動，例如體操、閱讀小說、從事你喜歡的休閒活動、寫作、聆聽令人放鬆的音樂、觀賞電影，或是泡澡。
5. 去找真正願意協助你且愛你的人。除了聆聽他們的建議與鼓勵之外，與他們分享美好時光、彼此密切互動，對你也會有所幫助。
6. 想像未來的自己，然後以自我慈悲的眼光回頭檢視此刻的事件，想想未來的你會對此刻的你說什麼？

7. 在必要的時候，你也可尋求專業諮詢來解決你的苦痛。這麼做是另一種自我慈悲的方式，提供自己額外的協助，解決你獨一無二的處境。

悲傷與哀悼

在我們放掉憤怒之後所產生的自我慈悲中，悲傷與哀悼是最關鍵的部分。**悲傷意謂著充分了解失去的感受**，例如憤怒、恐懼或憂傷。**哀悼是持續適應人生中缺少某事物或某人的過程**。處理憤怒的情緒時，哀悼是指放棄不切實際的期待，例如認為自己不該生病或受苦的想法。哀悼會幫助我們以正念放棄那些未滿足的渴望或未達成的目標，因為這麼做才對我們最好。要做到這一點並不容易。我們失去心愛的人事物時，哀悼會持續想方設法，讓我們覺得舒服。哀悼需要時間，而且它是有益憤怒的重要關鍵。本章練習將帶領你完成這種過程。

●

本章提供許多方法，幫助你在各種憤怒感知中練習慈悲。接下來的兩章將聚焦於對別人表現慈悲，因為對別人表現慈悲，也是自我慈悲和有益憤怒不可或缺的必要基礎。

進一步思考

1. 在你的兒童邏輯中，最主要的期待是什麼？當這些期待受到威脅或無法被滿足時，哪些自我慈悲的回應可舒緩你的情緒？
2. 你曾經以為哪些驅動力是你的「需要」，但經過反思之後，才明瞭那些其實是「欲望」？回答這個問題時，你必須完全誠實地面對自己。
3. 以正念看待自己的思維，必須特別留意你在未得到充分資訊的情況下所做的判斷。你對於他人行為的判斷是否總是如此苛刻？是否只是出於個人意見、不經審慎思考，也未考量其他可能的解釋？你為什麼會如此判斷別人？
4. 自我慈悲就是以正念看待以下這件事：無論別人有沒有辦法幫助你，你就是自己最好、最明智、最有幫助的守護者。問問自己以下的問題，其中有些問題出自作家羅賓．卡沙簡恩（Robin Casarjian）的著作《原諒》（*Forgiveness*）[8]：
   a. 你是否希望擁有父母親（或其他人）無條件的愛？
   b. 你是否願意無條件愛他們？
   c. 你是否希望得到他們的肯定？
   d. 你是否願意全然接受他們？

e. 把你最想要從別人身上得到的東西交給對方，對你來說是否容易？

5. 培養自我慈悲以練習有益的憤怒，有賴以正念批判自己。試著以正念看待你對自己的嚴苛想法，這些想法出現時，請記錄在紙上或電腦中，然後想一想可替代的自我慈悲方式有哪些。請以正念看待這些可替代的思維，並且不時檢視自己記下的清單。

6. 你可以透過以下方式找出可替代的自我慈悲思維：

a. 想想看，如果你的好友也面臨同樣問題，你會對他說些什麼具慈悲心的話語？

b. 你認為具有慈悲心的人，在這種情況下會對你說什麼？

c. 你最具慈悲心也最親愛的父親或母親，在這種情況下會對你說什麼？

注解

1 S. Salzberg, *Loving-Kindness: The Revolutionary Art of Happiness* (Boston: Shambhala, 2002), 39.

2 Germer, *Mindful Path to Self-Compassion*, 134.

3 A. H. Harris, F. M. Luskin, S. V. Benisovich, et al., "Effects of a Group Forgiveness Intervention on Forgiveness, Perceived Stress and Trait Anger: A Randomized Trial," *Journal of Clinical Psychology* 62, no. 6 (2006): 715–733.

4 J. Friedberg, S. Suchday, and D. Shelov, "The Impact of Forgiveness on Cardiovascular Reactivity and Recovery," *International Journal of Psychophysiology* 65, no. 2 (2007): 87–94.

5 J. W. Carson, F. J. Keefe, V. Goli, et al., "Forgiveness and Chronic Low Back Pain: A Preliminary Study Examining the Relationship of Forgiveness to Pain, Anger and Physiological Distress," *Journal of Pain* 6 (2005): 84–91.

6 M. A. Waltman, D. C. Russel, C. T. Coyle, et al., "The Effects of a Forgiveness Intervention on Patients with Coronary Artery Disease, *Psychology and Health* 24, no. 1 (2009): 11–27.

7 S. Braithwaite, E. Selby, and F. D. Fincham, "Forgiveness and Relationship Satisfaction: Mediating Mechanisms," *Journal of Family Psychology* 25 (2011): 551–559.

8 R. Casarjian, *Forgiveness: A Bold Choice for a Peaceful Heart* (New York: Bantam, 1992), 84.

Part III

只要改變憤怒反應，就能改善關係

以正念看待自己對他人的想法，以及與對方的互動，才能真正給予他人慈悲。雖然外在行為也可在某種程度上由外而內培養慈悲心，但如同心理學家克里斯多夫·傑墨爾所說：「首先必須改變我們對別人的看法，然後才能真正改變我們與他們的關係。」

第十二章
正念、自我慈悲、慈悲待人

慈悲待人，就像我們練習對自己表現慈悲一樣，會點燃我們心中的連結感、溫暖、安全感，因此給予別人慈悲也是自我慈悲的表現[1]。人們表現慈悲的能力不同，有些人似乎以定量配給的方式給予，有些人只對孩童、老人或動物表達慈悲，還有一些人可能對男人比女人更有慈悲心，但也有人正好相反。

無論我們自己是否意識到這一點，但每個人心裡都有一把尺，用來決定誰有資格得到我們的慈悲。有些人會對於因未知理由罹患胃癌的人表現較多慈悲，對吸菸而罹患肺癌的人則少一點。有些人認為造成自己苦難的人不如「真正」的受害者那麼值得同情，因此常以這種態度對待愛滋病患或菸酒毒品成癮者。這種判斷重視行為而非苦痛，但這麼做與慈悲心抵觸，也與真正的慈悲背道而馳，使我們盲目到無法認清：每個人一定會有缺陷與弱點。

和憤怒一樣，我們表達慈悲心的開放程度，取決於思維、感受和行為等方面的習慣，因此培養慈悲心必須靠持之以恆地投入練習。

許多人發現，對別人表達慈悲比對自己表達慈悲容易。有些人可能想要主動表達慈悲，因為他們接受普遍人性，想減輕別人的苦痛。渴望傳達良善、美好或自我犧牲的強迫作用，可能會推動你表現慈悲之情。有時候，慈悲是一種為了被人接受所做的努力，因為許多人都透過別人甚至神的眼光來衡量自己的整體價值。他們之所以對別人表現慈悲，可能只是為了得到讚美、獎勵，甚至救贖。

真正的慈悲心來自接納自己與他人，而不是為了被他人接納。想要培養對他人的慈悲心，我們必須記住彼此共通的人性。每個人都有自己習慣的情緒、思緒與感知，但許多人在關懷他人時會忽略對方的習慣。同樣的，每個人都有獨一無二的情緒地雷，也都有他們對生活的渴求和期待。每個人都想要擁有安全感、與別人連結，擁有充實的生命。

培養對他人的慈悲心，意謂以正念面對自己的內在感知，而且不加以批評。這有賴知悉他人的內心，而不光只是觀察他們的行為，我們必須仔細觀察他人的談吐、表情、說話的語調，以及他們內心真正想說的是什麼。

以正念看待自己對他人的想法，以及與對方的互動，才能真正給予他人慈悲。雖然外在行為也可在某種程度上由外而內培養慈悲心，但如同心理學家克里斯多夫．傑墨爾所說：

「首先必須改變我們對別人的看法，然後才能真正改變我們與他們的關係。」2

是什麼阻礙了你給予他人慈悲？

你現在有什麼感覺？你現在想到什麼？你的身體現在有什麼樣的感覺？在你繼續閱讀之前，請花一點時間以正念檢視內在，回答這些問題。

當你閱讀關於給予他人慈悲的文字時，可能會覺得溫暖和滿足，也可能會感到不舒服——因為或許你已下定決心，堅信自己不可能表達慈悲，認為只有聖人才做得到；你也可能因為自己對別人不夠慈悲，因此感到羞愧或內疚。你甚至可能一想到必須待人慈悲，就產生受威脅的感覺，並擔心自己因此受到傷害。

給予他人慈悲之際，可能會遇上一些獨特的考驗，其中也許包括下列項目：

1. **認為你「應該」對別人表達慈悲，不同於你「感覺」想要對別人表達慈悲。**注意自己給予慈悲的動機，辨識哪些動機源自你對讚美或獎勵的渴望，哪些動機源自你的內心深處。和自我慈悲一樣，你可能會先認為自己「應該」對別人表示慈悲，接著才會開始「感覺」自己想要這麼做。

2. **你可能將慈悲視為有限的資源**。韋德是一個年輕人，他因為憤怒及輕度憂鬱的問題來找我幫忙。經過思考之後，韋德才明白自己一直認為待人慈悲，會讓他無法滿足自身的需求與渴望，因為他誤認慈悲心是有限的，就像餡餅一樣，吃光之後就沒有了。所以他向來對別人表達慈悲時格外謹慎。事實上，每次他進行慈悲練習之後，經常感到筋疲力竭。

韋德在過去的關係中總是忽視自己的需求和渴望，因為他覺得自己「必須」這麼做。他從小是個敏感的孩子，在成長過程中，經常過度感知父母的苦痛，並認為自己有責任減輕那些痛苦。有時候，他甚至覺得父母的痛苦是自己造成的。韋德讓這種想法影響他成年後的人際關係，而且不幸的是，這些想法造成了他的沮喪及憤怒。

3. **你只認識「你想看見的他們」**。培養對別人的慈悲心，需要我們以開放的態度看待「真實的他們」，而不只是「我們想看見的他們」。我們可能會傾向於只看他們的強項，對他們的苦痛漠不關心。或者，當我們透過憤怒的角度觀察他們時，可能只會關切他們的行為舉動，而非與他們的內在建立更深層的連結。

4. **反映別人的痛苦可能會讓你覺得不舒服**。我們見證自己的苦痛並且與之共存的能力，使我們也能夠感受別人的痛苦。但如果你試圖逃避自己的苦痛，可能就會無法對他人產生同理心。你可能只會認為他們應該堅強一點，或者當他們承認自己感到痛苦時，你反而覺得他們太任性。

這種想法經常導致莎朗和艾德吵架。莎朗與艾德是一對夫妻，他們一起來找我幫忙。莎朗抱怨艾德對她的各種痛楚漠不關心，尤其是她的偏頭痛問題。艾德是三位兄妹中的老大，其中一位妹妹從小就罹患癌症，因此艾德小時候經常幫忙照顧她。雖然他出於手足之情照顧妹妹，但後來也漸漸開始埋怨，這種心情讓他自己感到羞愧。他後來才明白自己的悲傷與痛苦，來自內心渴求得不到關懷。在了解自己的過往之後，艾德才開始多加關心莎朗的苦痛。

慈悲待人可能會導致強烈的焦慮、沮喪，甚至讓你感到無助。尤其是當我們試圖緩解對方的苦痛但是失敗時，更可能觸發憤怒。這可能會讓我們覺得自己能力不足。為了避免這些極不愉快的感受，許多人乾脆盡量少對人慈悲以待。

5. **有時候，當你表達慈悲時，可能會強烈感受到自己經歷過的苦痛**。在這種情況下，請記得同理心與慈悲心有所不同，這會對你有所幫助。慈悲之心可能是以同理心為出發點，但是超越同理心，因為慈悲包含了關懷與智慧，以及協助減少他人苦痛的希望。這也意謂著：就算你無法解決別人的痛苦，還是可以單純陪伴對方。

6. **你的競爭欲望與你想待人慈悲的欲望彼此拉鋸**。我們生活在競爭激烈的社會中，因此經常過度強調權力、金錢和身外物對圓滿人生的重要性。當我們把這些當成生活的首要目標時，就會變得非常成就導向，以致無暇或無心培養慈悲之心。激烈的競爭不僅會干擾我們對職場敵手的慈悲，也會影響我們對親友的慈悲。我們可能會因此希望透過控制或主宰他人來滿足自尊，甚至認為唯有對我們的敵人展現憤怒，才能維持優勢。

要解決這種情況，有賴我們仔細選擇人生的優先順序與希冀的生活價值。這涉及我們如何在努力實踐個人目標時不忘保持對別人慈悲之待。我們必須記住：給予他人慈悲與自我慈悲並不會相互排斥。

7. **你以為自己必須先消除憤怒，才有辦法慈悲待人**。你可能認為自己無法對那些讓你發怒的人表達慈悲，然而培養對他人的慈悲並不表示你永遠不對別人生氣。相反的，只是要你意識到：每次你與人互動，都可以選擇自己是否要給予他們慈悲。

喚起具慈悲心的那個自我，以練習慈悲待人

本章的每一項練習都需要你以正念和慈悲心認知：我們每個人都會痛苦，而且渴望安全感，想努力實現目標，也希望與別人建立連結。這是對別人培養慈悲心的基礎，無論對方是你的伴侶、家人、朋友、同事、或者是你遇見的陌生人，甚至是你永遠不會遇到的人。

對他人進行慈悲冥想

對別人練習慈悲冥想，可大大幫助你在人際關係中習慣以正念表達慈悲。佛學學者傑佛瑞·霍普金斯（Jeffrey Hopkins）表示：你可以先對朋友或親人表達慈悲，然後再轉向一般人，包括你不認識的人，最後才輪到那些讓你憤怒的人[3]。霍普金斯建議你花幾個星期的時間與每類別的人進行互動。很顯然的，你最艱難的任務是那些讓你憤怒的人。請試著發現其中的挑戰之處，並且以正念和自我慈悲幫助自己跨過各種考驗。

進一步練習1 激發對人的慈悲心

請先花一點時間進行正念呼吸，喚醒慈悲的自我，包括伴隨而生的影像、想法、情緒與身體感知。

現在，請想像著你想要慈悲待人的對象。

1. 請以正念看待這個人的天性。
2. 請以正念感受：這個人渴望安全感、連結感，以及充實愉快的人生。

3. 請以正念體認：這個人和我們一樣經歷了人生的苦痛和考驗，其中有些挫折可能特別沉重、難以克服。
4. 請以正念記得：這個人在某方面感受到威脅。
5. 請以正念記得：這個人的習慣是經過長久養成，而且對方可能沒有察覺自己的許多習慣。
6. 請以正念看待這些想法的真實性，無論這個人有什麼樣的行為表現。

現在，請繼續想著這個人，並且盡量讓影像變得真實。請想著以下的慈悲話語[4]：

- 希望你平安。
- 希望你的生活平靜。
- 希望你健康。
- 希望你免於受苦。

像之前一樣，請在練習時留心任何會分散自己注意力的想法，尤其是上述那些會干擾你慈悲待人的障礙。同樣的，請以正念與慈悲智慧接受並跨過那些障礙。

每次我搭乘公車前往辦公室時，途中都會選擇一位車上的乘客來練習表達我的慈悲心。我想像那個人的人生，想像他或她可能經歷過哪些歡樂時光，以及正忍受著哪些苦痛。我當然不可能知道這些是否為事實，但每當我這麼做之後，下車時就能懷著一種溫暖且平靜的感覺。以這種方式喚起慈悲的自我，能讓我以正念留意最重要的事：每一天，我們每個人心中都有某些想做的事，而且當我們面對生活中的種種考驗時，總會受到過往經歷的影響。你也可以在搭乘大眾交通工具、在商店排隊等結帳，或者在車陣中塞車無法動彈時，花一點時間進行類似的慈悲練習。

進一步練習2 **將別人視為孩童**

大部分人對孩童的期待較少，對成人的期待較多。因此，比起對待成年人，我們有時候比較容易對受苦的孩童表達慈悲。我們對於孩童無法解決自身問題及無法照顧自己的處境，更能表現出同理心。因此，如果我們把他人視為孩童，也許會更能慈悲地對待他們。

把他人視為孩童，而且是對現在的他影響甚大的孩童。無論平時或者當你嘗試面對憤怒時，都可以採用這種方法。這是一種正面的練習，目的並非為了貶抑他人，而是要喚起你的呵護與關懷天賦，讓你不只看見別人表面的行為，而且還能注意到造成對方痛苦或憤怒的根源。這麼做可以突顯出，「兒童邏輯」確實影響著我們每一個人。

克服批判心態

請注意自己是否常有批判別人行為、外表或與自己相異處的想法，尤其是在你動怒的時刻。批判性的想法會讓你忘記對方可能也正承受著苦痛。

這種批判性的想法和有害的憤怒一樣，往往是自我慈悲的一種扭曲型態，而且通常是為了讓我們覺得自己比別人好，因為批判別人可以提升我們的自我價值，雖然只能維持一小段時間。然而這麼做必須付出代價，因為批判別人會讓我們無法認清自己的缺陷。別忘了，凡人皆有弱點。最諷刺的是，我們忘了自己也是凡人時，往往會嚴苛地批判他人。

你可能會因為別人與你不同而覺得受到威脅，因此批判對方。在這種情況下，你可能只專注於他人的外表、行為、態度、種族或膚色。如果發生這種情形，請留意自己的選擇：假如你心懷慈悲，就會選擇專注在對方與你相似之處，而非文化背景或外表長相。

進一步練習3 練習找出慈悲待人時遇上哪些考驗？

培養對別人的慈悲心，必須在自己對對方產生批判想法時以正念看待自己。回答下列問題可幫助你喚醒慈悲的自我：

1. 我對這個人的批評，是否與對方讓我感覺受威脅的特質有關？如果答案是肯定的，我如何感受到威脅？
2. 我對這個人的批評，是否與我自己也擁有的特質有關？而且是我不喜歡、不願意接納的特質？
3. 我對這個人的批評，是否與我自己不願具備的特質有關？
4. 我有哪些無心的習慣，造成我經常批評別人？
5. 慈悲待人會遇上哪些考驗，導致我經常批評別人？
6. 批評別人有哪些好處？

把「憤怒形成結構」當成練習慈悲待人的基礎

正如你可以利用憤怒形成結構來提升自我覺察與自我慈悲，這個結構也能幫助你更順利地對他人表達慈悲。請提醒自己：你遇見的每一個人，都受到渴望、思緒、感覺和身體感知的影響，而且這些影響都是他們內在體驗的一部分。他們受到特定本能與期待的驅動，一旦感受威脅，可能就會對他人和周遭的世界下意識進行判斷。而且，就像你一樣，他們也會感到苦痛。

請以正念推測別人可能擁有的欲望，特別是那些你也能感同身受的欲望。我們不難理解，他們的行為會引起你的注意，尤其當你對那些讓你動怒的人表達慈悲時。這時你可以這樣做：

1. **對他人的「兒童邏輯」培養慈悲心**。無論成就多棒、智慧多高、年齡多大，我們每個人有時候都會表現得像遊樂場上的小學生、學生餐廳裡的中學生，或者教室裡的高中生一樣。我們現在還是會受到和以前相同的情緒影響，這點可顯示兒童邏輯的強大力量，特別是當我們感受威脅時。請你記得這一點，尤其在你斷定某人的信念或行為不合常理時。

2. **對他人的欲望和期待培養慈悲心**。以正念看待自己的欲望和期望，對於理解我們的憤怒相當重要，但是在面對別人的欲望和期待時，最重要的一點是提醒自己：他們的欲望和期待與我們的並不相同。這句話乍聽之下可能很簡單，但如果我們處於滿心批判的當下，就不容易記住這一點。

3. **對他人的判斷和負面情緒培養慈悲心**。對別人表達慈悲，意謂著記得他們和你一樣會做出判斷，並且感受可能影響他們行為的負面情緒，他們的情緒地雷可能也相當敏感。請記得：他們可能希望保護自己脆弱的一面。自我慈悲可以幫助你了解自己的弱點，培養對他人的慈悲之心，則可幫助你以正念看待對方自認缺陷的脆弱之處。

同理心與同情心：練習慈悲待人的重要特質

欲練習慈悲待人，需要先提升我們實踐同理心和同情心的能力。

同理心

培養對自己的同理心，有助我們認知自己的天性。同樣的，培養對別人的同理心，則是認知他們天性的重要關鍵。我們必須辨識別人的感受，並且思考他們為什麼會有這些思緒和行為，這種具正念的注意力可幫助我們超越一己視角。同理心是幫助我們與所愛之人、鄰居和朋友產生連結的力量，也可讓我們對書籍、電影及歌曲中描述的角色感同身受。而且，因為同理心的緣故，即使這些角色與我們本身的個性截然不同，我們還是可以投入感情。特別值得注意的是：有些傑出的電影和小說，就算是作惡多端的反派角色，也能夠讓觀眾或讀者萌生同理心。

你愈能包容自己的感受，就愈能對別人產生同理心。你愈對別人表達同理心，就愈能快速體認他們也是普通人，而且就算你對他們生氣，也不會輕易忘記這一點。這種做法可幫助你減少感受到威脅的可能，不易萌生有害的憤怒。

進一步練習4 擴展你對他人的同理心

花點時間對你的另一半、朋友、家人、同事和鄰居進行以下練習。當你想像這些親朋好友時，請喚醒慈悲的自己。一次只以一位親友為對象進行想像，依照以下的指引，對他們發揮你的同理心：

1. 觀察對方的行為，包括表情與姿勢。

2. 注意對方說話的內容和語調。
3. 對方的臉部表情與說話內容是否一致？對方的行為舉止與說話內容是否一致？
4. 你的觀察如何影響你對對方的感受？
5. 基於你對對方的了解，你從觀察中得知他可能有什麼感覺？
6. 對方現在的感覺，是否與你一開始所認為的感覺不一樣？
7. 提醒自己以正念記住以下事實：對方的行為表現，一定與其過往的經驗有關。

藉由了解他人的背景以擴展同理心

我在紐約市成長的過程中，一直對「人」很感興趣。我想更深入了解他們的個性，以及導致他們走到現在的種種經歷。我花了很多時間觀察別人，包括搭乘地下鐵或去海邊玩的時候。很顯然的，這種好奇心正暗示了我未來的職涯選擇。

就算你不打算從事與我相同的職業，以正念觀察別人的生活還是可以擴展你的同理心。就像看電影、看舞台劇或閱讀小說一樣，你必須先知悉每個人的背景，才能了解他們為什麼會有那些行為。這可以幫助你找出形塑他們性格、引起他們渴望與期待、影響他們感受與行為的各種要素。

正念可以幫助我們看見他人的人性面，而不光只是從表面匆匆一瞥就做出推論。想要釋放憤怒，必須好奇地探索別人個性的成因，如此一來，你能更加明白對方的思考、感受與作為，都是受到他們過去經驗的影響。透過這種角度觀察別人，我們就能看清一個事實：**即使大部分的人都希望自己免於受苦、有安全感、擁有快樂，每個人表達渴望的方式卻截然不同。**探索別人過往經歷的各種細節，可以讓我們以更慈悲的心態看待他們。

回答下列練習中的問題，可幫助你感受他人的內心。你的回答將有助你更了解形塑對方行為舉止的原因。

進一步練習5 這些問題可幫助你了解別人的問題

首先，請針對某個你有好感的人回答下列問題，然後再針對你保持中立態度的人回答問題，最後，針對某個與你不合、讓你生氣的人回答下列問題。

1. 對方的行為和態度，背後可能潛藏著什麼樣的欲望？（你可參考第七章的內容，更多的欲望選項可幫助你進行思考。）
2. 對方可能抱有什麼期待？尤其是那些受兒童邏輯影響的期待？

3. 基於對方目前的人生狀態或你所知悉的特定影響，對方可能產生什麼樣的判斷？
4. 假設你以對方為主角拍攝電影或寫書，請詳細敘述他可能的過往經驗，以幫助觀眾或讀者對這個角色更具同理心與同情心。
5. 當你以正念回答這些問題時，是否發現自己的身心有任何轉變？
6. 如果你希望減少對方的苦痛，你對他的了解如何影響你與對方建立的連結？
7. 請指出自己對此人最不認同的行為或態度。接著，再回想過去的某個事件，以幫助自己對具有這類行為或態度的人產生同理心。

擁抱同情心

自我慈悲是受到自身苦痛的驅使而生，同情則是因為別人的苦痛而來。同情可能包含對他們的苦痛感到難過，這種感覺會促使你想要減輕他們的痛苦。而且，正如你表達同理心時可能遇上阻礙，表達同情心的時候，也會面臨考驗。對同情心抱持開放的態度，可讓我們心懷慈悲行事。同樣的，要做到這一點，也需要你先學習**不否認**、**不漠視**、**不合理化自己的苦痛**。

傑森是我的一位客戶。有一次我們進行會談時，他說他日前從一個流浪漢身旁走過，那個流浪漢坐在人行道上，手裡拿著一個紙杯向路人乞討。對於住在大都市裡的人而言，這種場景並不陌生。傑森說，以前他一看見這種人，就會把目光移開。他知道自己這種不經思考的舉動，是來自「那個人討錢只是為了買酒喝」的想法，因為他經常聽別人這樣描述流浪漢。他也意識到自己的態度有一部分是因為父親長年酗酒。但傑森已經改變想法，他現在經常捐錢給流浪漢。傑森說，每當朋友問他為什麼捐錢和食物給流浪漢，他總會滿足地回答對方：「因為我有能力可以幫助別人，我覺得這種感覺很棒。」

這個小故事顯示出傑森先轉變自己的心態，然後轉變了行為。他現在已經明白：自己每天都有很多機會可以表達慈悲的想法、感受和行為。

●

本章的重點是幫助你以更慈悲的思考和感受去對待他人。下一章的內容有更多實踐方法，將可幫助你以慈悲的具體行為去對待別人。

進一步思考

1. 對別人展現慈悲之心時，你認為自己所面臨最大的考驗是什麼？
2. 你小時候，你的主要照顧者，是否曾與你分享慈悲的想法或態度？想想你的父母、親戚、朋友、鄰居、老師、社區、教友或其他人在這方面對你造成的影響。
3. 慈悲待人與自我慈悲是並存的。如果你已經練習過這本書裡的各種方法，現在是再次檢視「自我慈悲庫存」的好時機。請你至克莉斯汀．聶夫的網頁http://selfcompassion.org填寫。
4. 請利用「憤怒形成結構」來了解別人的憤怒，尤其要明白哪些負面情緒讓他們動怒。請試著指出你認為他們可能有什麼感受。他們應如何因應有害的憤怒？
5. 請花一個星期的時間，每天以正念面對你對別人的批判性想法。透過正念冥想，了解自己為什麼會產生這些批判性想法。想一想，這些批判性想法是不是讓你從自己的問題上轉移了注意力？
6. 接下來的一個星期，請你不僅要以正念面對自己的批判性想法，還要對他人具體打造慈悲的意念。

注解

1 P. Gilbert, "Introducing Compassion- Focused Therapy," *Advances in Psychiatric Treatment* 15 (2009): 199–208.

2 Germer, *Mindful Path to Self-Compassion*, 161.

3 J. Hopkins, *Cultivating Compassion* (New York: Broadway, 2001), 95.

4 L. Ladner, *The Lost Art of Compassion: Discovering the Practice of Happiness in the Meeting of Buddhism and Psychology* (New York: HarperOne, 2004), 153.

第十三章
自我慈悲及與他人的慈悲互動

想要慈悲待人是一回事，真正做到又是另外一回事。以正念冥想對他人傳達慈悲，有助於我們心生慈悲。然而，以正念做出慈悲的**行為**才更有意義。態度和行為都可以表現自我慈悲，並且讓我們在協助別人的時候產生深刻的連結感和安全感。慈悲是練習有益憤怒的基本要素，你閱讀本章時，最好可以想一想哪些事物能激勵你，並支持你持續地慈悲待人。

你需要堅定自信的溝通

以堅定自信的態度進行溝通，意謂承認自己的需求與欲望，讓他人知道他們的行為如何影響了我們，並且要求對方有所回應。這麼做可以讓別人更了解我們，無論對方是我們的伴侶、朋友、同事，或日常生活中遇上的人。堅定自信的溝通，同時展現出自我慈悲以及慈悲待人，堅定自信的態度可以幫助我們練習有益的憤怒。

堅定自信的溝通有賴你以正念看待自己的需求、欲望和感受。你必須以具有意義的方式與自己產生連結。目前為止你所學到的各種方法，已經能夠幫助你強化你與自己的關係，而本章的練習將讓你與他人的關係變得更真實也更緊密。

為堅定自信的溝通進行準備

請回想某一次讓你發怒的事件，並完成讓你能夠更加理解此次事件的憤怒日誌。假設你已確定自己想要處理哪些想法和感受，你會發現先回答下列問題、再分享你對對方的想法，將會對你深具啟發性：

1. **分享我的想法和感受有什麼好處？**這或許不見得有其必要性，也不一定有好處。你可以決定與好朋友分享這些想法和感受，但不告訴一般朋友。或者，你也可能在仔細思量之後認為不需要與別人分享。
2. **我希望在溝通過程中得到什麼？**你可能希望別人將來能以正念關注他們的行為，留意他們的行為會對你造成什麼樣的影響。或者，你可能只想在一段親密的關係中表達真實的自我。請多加注意：你想要與人分享的理由，是否是只為了減少或否認自己對事情的責任？

3. **堅定自信可以讓我期待什麼？**請以正念區分你「希望」達到的目標，以及你「期待」達到的目標。不切實際的期待只會讓你更加憤怒。當你分享自己的想法與感受時，請務必誠實面對自己，這樣才能說服對方改變行為。有時候你期待的可能不是別人有所改變，而是透過堅定自信，讓你自己感受到內在充滿力量。

4. **我是否選擇了最恰當的時機表達自己？**進行討論的最佳時機，該是你已經感到完全平靜的時候。如果對方也已經平靜到能夠傾聽你的話語，就能提高你的訊息被對方確實聽見的可能性。

自信模式

接下來介紹的**自信模式**（assertiveness model），也許是我們向人表達思緒與感受時最坦率也最不具威脅性的方法[1]。自信的溝通展現某種程度的親密感，因此可以進一步討論我們在人際關係中的渴望。請你注意：雖然我們在私人關係中分享感覺與想法可能非常有用，但是在職場表達自己的感受卻未必恰當（我在本章的後段將詳細闡述）。以下方法將可幫助你透過自信的溝通方式討論你的憤怒。

1. **以肯定直述的語句開始對話。**以真誠而肯定的句子開始，強調你與對方關係中的正向部分。最好能針對特定的衝突事件。

例如：我非常喜歡且重視我們共享的時間，無論是去餐廳吃飯、去聽演唱會，或者只是待在家裡。

2. **指出特定明確可觀察的具體行為。**接下來，請指出你對他人行為所產生的反應與感受。這不是批判，而是一項關於他人行為如何對你造成影響的聲明。請你指出明確可觀察的具體行為，而非聚焦在對方身上。告訴對方你在發怒前有哪些負面情緒：「當你______，我感到______。」第一個空格必須是「明確的具體行為」，第二個空格是「發怒之前的負面情緒」。

例如：當你「經常臨時取消我們排定的計畫」，我感到「很失望且不受尊重」。

3. **分享讓你發怒的負面情緒。**試試這個句型：「當我感到______時，我會變得______。」第一個空格是「發怒之前的負面情緒」，第二個空格是「生氣、惱怒或煩躁」等負面情緒。這句話讓對方洞悉你憤怒的根源。這個時候請謹慎措詞，因為有些人可能會把「憤怒」一詞視為威脅，並且與侵犯或拋棄畫上等號。一開始，你可以先簡單表示自己感到「強烈的惱怒」或「強烈的煩躁」，但後續可以逐漸使用「憤怒」一詞來強調這只是你的感覺，對方就可以明白你的意思。

例如：當我感到「失望和不受尊重」時，就會「開始感到惱怒」。

4. **指出在理想狀況下，你希望對方下次怎麼做。**最後這個方法，是一種請求，因此最不可能讓對方感到威脅，只是討論協商的一部分。「下一次，如果你願意＿＿＿＿，我會非常感激。」空格中請放入「你希望對方做的事」。

例如：下一次，如果你沒有辦法趕上，請你「提早通知我」，我會非常感激。

有時候，你溝通的對象可能會立刻同意你的要求。對方可能會因此更關心你內心的感受。然而就算是以堅定自信的方式溝通，也無法保證你一定會得到想要的結果。儘管你盡最大的努力，你想傳遞的訊息可能還是無法被對方完整接收，因為有些人對負面情緒特別敏感，認為你想打擊他們的自我價值；他們也可能將你的意見視為拒絕、背叛，甚至情感上的拋棄，因此讓他們感受到威脅。

過度感受羞愧或罪惡感的人，或者習慣以非黑即白的論點進行思考的人，可能會因為你的意見而動怒。如果發生這種情況，請再次以肯定直述的語句重新強調：你的感受是針對「特定行為」的反應，而不是對「人」的批判。讓對方明白你正致力於改善你們的關係，完全沒有貶低對方的意思。

對方可能會以憤怒的評論回應你的意見。例如：「我才不在乎你的感受！」如果對方真的太生氣而無法傾聽你的意見，你可能必須另外找時間再次進行溝通。但如果每次你只要一提到自己的感受和渴望，對方就以這種態度回應你，你可能就必須意識到你們的關係已經存在更嚴重的問題，不光只是溝通不良。在這種情況下，你需要進一步自我反思，或者尋求專業的協助。

自信溝通、侵略性溝通、消極溝通有什麼不同？

以下方法可以幫助你區別「自信溝通」、「侵略性溝通」與「消極溝通」三者之間的差異。

1. 自信溝通

- 以正念感受外在事件對你的影響，表達出你的內在感受。
- 希望針對問題進行討論，而非希望指責或羞辱令你感到痛苦的人。
- 表現願意溝通的態度，而非逃避或拒絕討論。

2. 侵略性溝通

- 可能涉及爭權，只是一味強調自己是對的、對方是錯的。
- 全面批判或否定對方，而非專注在他或她的行為上。

- 貶低他人的智慧、技能、常識或其他個人特質。
- 不尊重別人、侵犯別人的權利，以及強調自己受威脅的感覺。
- 可能會拒絕溝通，以防禦憤怒的反應。

3. 非自信或消極溝通

- 缺乏自我慈悲。
- 在表達感受時無法誠實。
- 可能令人覺得自己在關係中被忽視，因此導致易於發怒。
- 使人蔑視或否認自身渴望、感受或思緒的重要性。
- 令別人以為自己好相處、個性隨和、沒有值得重視的需求或渴望。

充滿自信表示充滿真誠，這一點對各種關係中的有益憤怒都相當重要，對我們最親密的伴侶關係尤其重要。

在你最親密的伴侶關係中練習正念與慈悲

當兩個人發展出伴侶關係時，他們會在兩人的羈絆之中帶入自己獨一無二的個性，以及過往經驗。每個人的過往經歷會形塑他們的想法，讓他們認為伴侶「應該」如何回應他或她的需求、渴望和期待。本章內容想強調的是：伴侶威脅或忽視我們的需求、渴望與期望時，我們往往會以陳年習慣去回應，包括面對憤怒的方式。即便最恩愛的伴侶，雙方也不免偶有衝突或不愉快。如果其中一方或雙方容易動怒，彼此的衝突就會引發嚴重的爭吵。

事先約法三章

在伴侶關係中練習正念和慈悲，可幫助雙方在關係緊張時產生安全感，並且維持彼此的連結。雙方可在事前約定，一旦吵架，引燃憤怒時可以如何繼續互動，以鞏固兩人的關係。

首先，請記住：最不恰當的吵架時機，就是盛怒的時候。正如本書提到的，生氣的時候，我們最可能無意識間向有害憤怒的舊習慣屈服。這種時刻，你可能會專注於自己的不滿，而無法傾聽伴侶的心聲。以下提供你因應衝突場面的指引，讓你保持正念與自我慈悲，並且也對你的伴侶表達慈悲。我鼓勵你與你的伴侶一同討論這些方法，並且簽署合約以表示願意共同遵守。約定內容可以如下：

1. **我們致力練習有益的憤怒**。有益的憤怒是以建設性方式管理伴侶衝突與憤怒的基礎。一個人可能不知道應該如何擺脫有害的憤怒，兩個人的優勢是可以一起學習，並且練習這本書提到的正念、自我慈悲及慈悲待人。

2. **我們只有在夠冷靜的時候才討論彼此的異議，如果任何一方太過激動或覺得太受威脅，我們同意暫停討論。**以正念留意自己的舒適度，無論激動或平靜的時候。雙方事前先約定，倘若任何一方的不適度達到四分，就立刻停止討論。一分是覺得舒服，十分是非常不舒服。請以正念看待自己想要停止說話的衝動，因為停止說話，你和你的伴侶才可能停止戰火。此外也請注意：如果你的伴侶知道你仍在生氣，突然停止討論可能會讓對方感到焦慮，這就是為什麼兩人必須提前約定好這項決議。

3. **我們同意用某個詞或短句，來表明任何一方需要冷靜並暫停進一步討論。**事前先約定以某個詞做為暗號，任何一方都可以用那個字來表示想要立刻暫停討論。如果任何一方說出那個字，意謂著繼續討論只會產生過於強烈的緊繃感。請選擇輕鬆或古怪的詞，以便在氣氛火爆時讓彼此輕鬆一下。我有一對夫婦客戶選用「雪崩」這個詞，因為他們兩人都是滑雪愛好者，非常了解積雪的山坡如果傳來巨大聲響，會有什麼樣的危險後果。另外一對夫妻選用「小狗的腳」，因為他們兩人都是愛狗人士，而且在愉快的童年時期都養過小狗。還有一對夫婦選擇「烏龜」來表達暫停討論的需求。他們甚至買了兩個烏龜造型的填充玩具，一個放在客廳，另一個放在廚房，因此他們不需要開口說出這個字，只要將填充玩具高高舉起，就可以是停止討論的信號。

4. **在理想的情況下，我們可以繼續進行衝突發生前的活動，但我們也可能需要暫時獨處一小段時間。**雙方同意暫停討論之後，有些人仍可以一起看場電影或出去吃飯，但有些人可能需要獨處一會兒。在這種情況下，我強烈建議到其他房間去，而不是離開家到外面。如果馬上離開家，可能會引起伴侶的焦慮，尤其是在對方對「拋棄」格外敏感的情況下。你離開家到外面去，可能會讓對方以為你因為生氣打算一走了之。除此之外，憤怒時獨自外出，也可能會觸發與「信任」議題相關的「情緒地雷」。

5. **如果我們決定暫停得不到解答的討論，就必須另外再找一個雙方都夠冷靜的時間繼續討論。**你們可以決定在一個小時甚至幾天之後再繼續討論，但雙方都必須有意願解決這個問題。在你們第二次討論的過程中，如果彼此的憤怒變得愈來愈強烈，請先讓情緒冷靜下來，另外再找時間討論。尚未解決的衝突很可能再次出現，而且就算第二次的衝突點與第一次不完全相同，多少還是可能反映出你們始終未解決的潛在問題。如果不把潛在的問題拿出來討論，只會破壞你們之間的整個協議。

6. **我們要以正念留意時間的限制。**許多伴侶經常告訴我，他們的爭論一直持續到深夜。你可能會發現，如果你們從晚上八點開始爭論，爭論會繼續好幾個小時；但如果你們是早上八點展開相同的爭論，因為必須出門上班，所以你們會趕緊結束這場衝突。我建議你們每次只討論三十到四十分鐘，倘若你們在這段時間內無法得到決議，無論同意與否，最好都要暫停討論，等過一段時間再重新展開。當你們決定過一段時間再繼續討論時，請順便考慮以其他溝通方式表達你們內心的渴望。

7. **我們不在臥室裡爭論**。避免在臥室裡爭吵，特別是在入睡前的深夜裡，因為在臥室裡爭論會讓你將憤怒的緊繃氣氛和睡眠或親密關係聯想在一起。當你疲倦的時候，你的感性大腦會反應更靈敏。到了隔天早上，你可能已經忘記自己說過什麼話，而且熬夜會讓你隔天暴躁易怒。事實上，根據最近的研究指出，如果伴侶中的任何一人睡眠不足，雙方都會因此更容易起衝突，並減少對彼此的同理心[2]。幾年前，有些心理治療師說伴侶不應該把怒氣帶到臥室裡，這當然是雙方都嚮往的理想狀況。然而，「同意彼此意見不合」與「爭吵時因為對方不肯繼續討論而勃然大怒」有很大的區別。

被伴侶激怒時應該如何回應

當你的伴侶激發你的怒氣時，你目前學到的與自我慈悲及慈悲待人有關的練習就可以派上用場。以下是進一步的說明：

1. **停止一切動作，讓身體冷靜下來**。無論你原本正在做什麼，先停止一切動作，喚起慈悲的自己，好讓自己面對身體及情緒的緊繃感。做幾次深呼吸，並且以正念呼吸，盡可能讓心思與身體放鬆。要避免有害憤怒的發生，得倚靠觸發事件發生後恢復平靜的能力。

2. **激發慈悲心與自我慈悲**。以正念看待發生什麼事。當你和你的伴侶感覺到某種情緒上的苦痛和威脅時，就是你們必須面對問題的時候。你可以專注辨識並了解這種威脅是什麼，也可以選擇專注於發怒。

3. **注意你的需求與渴望，以及伴侶的需求與渴望**。你的憤怒可以提醒你：你的某些需求或欲望受到威脅。請試著辨識是哪些需求與欲望。同樣的，在你猜測伴侶的哪些欲望受到威脅時，請你慈悲地對待對方。你可以參考憤怒形成結構，以便更清楚了解自己和伴侶的感受。

4. **請以正念和慈悲看待那些導致你憤怒的思緒及負面感受**。以慈悲心看待伴侶可能經歷的感受，並且以正念看待那些潛藏在你憤怒底下的感覺，無論你此刻是否真的願意分享那些感受。在你喚起慈悲的自我時，請以對待自己的方式，用同樣的好奇及開放態度去了解伴侶的苦痛和感知。此刻，就是你可以對伴侶的苦痛表達同理心和關切的最佳時機。

5. **請以正念和慈悲看待自己的期待和判斷，以及伴侶的期待和判斷**。辨識並評估自己的期待和判斷，並也考量其他可以減少怒氣的觀點，尤其要以正念去辨識不切實際的期待或不經思考的判斷。請運用慈悲智慧，幫助自己去辨識伴侶的期待和判斷。

6. **放慢說話的速度，降低說話的聲音**。這些都需要練習，但是放慢說話的速度且降低說話的語調是達到平靜的有效方法。請記得：情緒會傳染。如果你表現出你的憤怒，可能只會加劇伴侶受到威脅的感覺；如果你表現冷靜，則有助於舒緩伴侶受到威脅的感覺。

7. **練習影像化**。以你慈悲的自我去想像你伴侶以前或現在受到傷害的感覺，這麼做可以讓你的正念更具慈悲心，並且因而明白對方此刻的反應可能是受到兒童邏輯的強烈影響。

如何在衝突時幫助你的伴侶舒緩怒氣

這些方法可幫助你在衝突期間舒緩伴侶的怒氣，而且與上述方法相輔相成。

1. **增加眼神接觸**。隔著房間甚至整間屋子大吼大叫，會讓你更容易持續怒氣。當你心情平靜時，直接的眼神接觸會增加彼此的連結感，也會激發慈悲之情。這是一種非語言的溝通，意謂「看著我，即使我對你生氣，我還是那個深愛著你的人。」

2. **坐在舒適的椅子上**。站立會增加你的怒氣，坐著可幫助你放鬆。建議你和你的伴侶坐在家裡最舒服的沙發或椅子上。

3. **以慈悲心承認伴侶的憤怒和負面情緒**。就算你只輕描淡寫地說「我可以感覺到你在生氣」，也等於表達你對伴侶的關心。辨識伴侶為什麼動怒是具有慈悲心的表現，但最好只以「猜測」的方式表達，不將那些情緒陳述為事實。例如，你可以說：「我沒有辦法看透你的心事，但或許你現在覺得受傷、被人忽視，而且感到失望。我們要不要談一談？」

4. **保持沉默，認真傾聽**。憤怒需要耗費能量，因此你的伴侶大概只會憤怒十到十五分鐘，然後就感到疲倦，並且放慢說話的速度。如果你能保持冷靜，沉默地傾聽，可能有助於舒緩對方的憤怒。認真傾聽伴侶的抱怨，才能夠清楚知悉導致對方憤怒的內在感知。用你的話語、臉部表情和肢體動作讓伴侶知道你正專心聆聽他或她說話，並且記得讓自己將對方的經驗視為整體看待，不光只是專注在字句。

5. **部分同意**。取得協議是成功協商的宗旨。如果你能同意伴侶的部分意見，而非只是一味否定，你和你的伴侶都會覺得更充滿力量。協議可幫助彼此連結、提升慈悲、減少威脅。

指責對方「一天到晚」或「從不」做某事，只會讓協議更難達成，因為這種言論是概括性的，容易被視為對人的批評，而非針對行為，只會增加伴侶動怒的可能性。

部分同意是回應這種情況的一種方式。假設你的伴侶說：「你笨死了。」你可以回答：「有時候我確實會做出一些蠢事。」如果你的伴侶表示：「你總是不記得我說的話！」你可以回答：「我有時候確實會忘記。」

這個時候不見得適合檢討伴侶的思考方式，你可以日後與對方廣泛討論伴侶關係問題時提出，而非在試圖解決特定問題時討論這一點。

6. **承認自己對衝突的責任**。承認自己對衝突的責任，無論是「直接跳到結論」或「懷抱不切實際的期待」，都表示你願意與對方溝通。這將有助你坦率進行討論，並且減少攻擊對方或過度防衛的傾向。

7. **討論的時候鎖定焦點，或者延遲檢討過去的事**。鎖定焦點，就是將關注的重心放在目前討論的問題上。比方說，你的伴侶可能會表示：「上個月我們與勞恩和梅莉一起吃飯時，你也做了同樣的事情。還有六月的時候……你還記得嗎？我們約好去看表演，結果你也讓我等了一個小時！」

如欲鎖定焦點，可以這樣回答對方：「你顯然對那些事情仍心有不滿，我們應該好好談一談。但是我一次只能處理一件事，我們可不可以先討論剛才發生的事？」你或許會因為伴侶提起之前發生的事而感到困惑或挫折，然而這可以清楚表示他或她對於之前的事仍感到不滿。如果發生這種情況，請你提醒自己：你的伴侶可能還感覺到威脅。可能是為了自我保護，所以緊抓著過去不放。請你傾聽伴侶所說的話，並且記得日後再找時間提出來討論。

8. **設定限制**。設定限制的目的是為了你自己，這麼做可反映自我慈悲與慈悲待人。在討論過程中，就算你們雙方都試圖緩解問題，你仍可能變得過度激動或強烈感受到威脅。

設定限制的做法，可以是事前決定只要說出特定字詞，就必須結束討論，或者告訴對方：「我知道你很生氣而且感覺受到傷害，我願意與你討論你的感受，但是你不該對我大吼大叫或咒罵我。」抑或表示：「我知道你很不高興，但是我現在沒有辦法討論。雖然你覺得必須繼續討論這個問題，然而我不認為自己目前有辦法說出具建設性的話語。」

離開是設定限制的另一種方式，尤其在你感受到威脅的時候。請自信堅定地向你的伴侶陳述你想這麼做的理由，然後離開，讓你的伴侶知道你現在覺得很不舒服，但是你願意另外找時間討論這個問題。

9. **當你覺得身體受威脅時，請尋求幫助**。練習自我慈悲意謂做出明智且對自己有利的事。以正念將自身安全視為優先考量，並且在憤怒的互動中務必聆聽自己的智慧——如果它告訴你應該離開，並尋求協助，就請馬上離開求助。

假如這些方法行不通，你可能因此從伴侶身上及你們的關係中學到許多新知。比方說，你的伴侶可能無法平靜下來，或者拒絕暫停討論。發生這種情況時，請試著辨識對方此刻的感知。放掉憤怒可能已經不是你們關係中的首要問題，因為你的伴侶可能因你的失望和憤怒而感到強烈的威脅與焦慮。這時請向對方保證你很關心他或她，並且說明即使你努力管理自己的憤怒情緒，一時之間可能也無法有清楚的思緒能夠進一步討論你們的問題。你可以請對方告訴你，你應該怎麼做才能幫助他或她冷靜下來。

請記得：**你只能控制自己如何行動**。你或許可以試著以勸說、誘騙、協商的方式舒緩伴侶的憤怒，但你終究必須明白，自己沒有辦法控制對方。

如果你的伴侶因為前面章節所描述的理由而不肯放掉憤怒，本章介紹的這些方法可能就派不上用場。假如情況確實是如此，你可以問問對方：「我應該說些什麼或做些什麼，才能幫助你解決你的憤怒？」對方的回答可能會讓你茅塞頓開。就算你對伴侶的憤怒表現得敏銳又慈悲，對方仍可能無法明確說出你應該如何幫忙，因為對方還不確定什麼樣的做法才能幫助他或她釋放掉憤怒。你可以向你的伴侶保證，你可以拋下過去、重新開始，以展開更好的伴侶關係。但是別忘了以正念記住：你的伴侶才是最終可以決定如何釋放自身怒氣的人。

分享你的憤怒日誌，促進雙方慈悲相待

與伴侶分享憤怒日誌，可以有效增進彼此溝通和了解，並且提升對彼此的慈悲。這麼做需要你對伴侶的高度自在感與信任感。

請告知你的伴侶，你已學到哪些可以更有效練習有益憤怒的方法。在更理想的情況下，請鼓勵你的伴侶也閱讀這本書。然後，請雙方對彼此近期的衝突事件填寫憤怒日誌，填寫完畢後彼此分享內容。

我覺得這麼做有助於發展彼此的慈悲心，尤其對於一同努力投入憤怒情緒問題的伴侶。檢視彼此的憤怒日誌，可以幫助你們得到許多資訊，同時也會讓你們感到驚訝。你們會因此更明瞭對方的苦痛，而且這種分享過程會提升對彼此的了解，進而幫助你們慈悲相待。通常你們會對於對方的期待感到驚訝，因為你們可能是頭一次得知原來對方有這樣的期待。但是當你們一一檢視這些期待時，會發現這些期待當中有一些是不切實際的。有時候，伴侶則會誤解或不明白彼此的「判斷」，必須坦誠自己心中所想與真正的答案相差甚遠。

透過這種方法，你會對於誘發自己及伴侶憤怒的需求和渴望更為敏感。將自己最重要的渴望與伴侶分享，是真正親密的表現，可以讓你和你的伴侶發現彼此的獨特性。與對方分享彼此的憤怒日誌，可以擴展看待彼此差異性的正念，並且對彼此的不同更具慈悲心。對於能

夠拉近彼此距離的相似點也是如此。

無論是跟不上彼此期望的腳步，或未能辨識彼此的需求及渴望，都會導致衝突和失望。這些方面的差異性，很容易讓人產生受威脅的感覺，然而這也提供伴侶之間商談與妥協的機會。在某些情況下，如果彼此都認為這種差異無法化解，可能會導致悲傷，而非憤怒的感受。

正如本章一再強調的，要解決這些衝突，需要你以正念對伴侶表達慈悲。請提升自己此方面的技能，即使一開始無法自然表現出來。

以正念擴大正面的態度

強化你與伴侶之間的連結感，可以減少他或她受到威脅的感覺。這麼做有賴你是否以正念看待。在心理學家芭芭拉．佛列德里克森（Barbara Fredrickson）深具啟發性的著作《愛是正能量，不練習，會消失！》（*Love 2.0*）中，她提到**正向性共鳴**（positivity resonance）的觀念，也就是我們與別人形成愛的連結時所產生的感受[3]。芭芭拉．佛列德里克森表示：這種愛是產生連結的時刻，其中包括分享正面的情緒、以最基本的身心水平調整回應，以及彼此關心。她建議我們在伴侶關係中應該多多營造這種時刻。

根據心理學家約翰．高特曼（John Gottman）表示，伴侶關係中最明確的權力之一，就是建立並保持這種可決定關係穩定性的連結[4]。他建議伴侶進行下列練習，以發展長久且良好的關係：

1.了解彼此：知悉彼此的驅動力、夢想、喜好、厭惡……等。
2.以正念看待彼此的正面特質，並且以正念對彼此抱持正面的感覺。
3.經常互動，分享彼此的想法與體驗。
4.與對方分享自己的決定。
5.以堅定自信的態度進行溝通。
6.不只看表面的行為，還要試著了解雙方的感受與思維如何影響彼此協議。
7.擴大你分享的內容：將你的價值觀、傳統觀念、生活目標及興趣嗜好與你的伴侶分享。

要形成真正的連結並且減少伴侶關係中的威脅，有賴全心投入正念及慈悲練習。

在職場上練習慈悲

在職場表達慈悲，有其獨特的考驗，因為工作時必須以工作任務為重心，專注於工作任務會讓人無法同時顧及同事的感受。除此之外，職場上有許多因素可能會觸發威脅感和憤怒感，包括：

- 在意工作內容的公平性以及是否被主管肯定。
- 對工作及收入保障的憂心。
- 公司對同事之間競爭的鼓勵或獎賞。
- 公司對高生產力的要求。
- 完成時限的壓力。
- 漫長的工作時間。

可以理解的是，我們可能難以將與我們共事的人視為有渴望、思緒和感受的個體，我們看待他們的眼光也很難超越他們表面所做的行為。心理學家丹尼爾．高曼（Daniel Goleman）在其暢銷著作《SQ-I-YOU共融的社會智能》（*Social Intelligence*）中表示，意識別人的感受不僅對情緒智商相當重要，在職場上也極具價值[5]。對同事表達同理心和同情心，可以幫助你在職場建立良好關係，無論在什麼樣的情況下，也無關你的職位高低。慈悲對待同事，意謂著覺察他們的安全需求、工作動機及連結渴望。慈悲心可以幫助人們達到共同目標，無論在團隊合作、監督指導、談判協商或集思廣益時，都能夠因此提高生產力。

以下是可以幫助你在職場培養慈悲心的方法：

1. **透過憤怒形成結構去了解你的憤怒與他人的憤怒**。針對因工作讓你動怒的事件填寫憤怒日誌，可幫助你了解自己在職場上有什麼期待。請特別留心，以正念看待混合的期待或彼此衝突的期待，因為這些期待可能會破壞你自己或主管、同事、下屬的專注力。
2. **在溝通中練習「自信模式」，但不強調感受**。分享彼此的感受在關係中是非常重要的，但在職場上，討論「期待」和「判斷」，可能才比較有建設性。假設你的主管晚了兩個月還沒完成你的年度工作績效評估，而此評估是你工作合約的一部分，對方遲遲未能完成，讓你感到愈來愈煩躁。你當然會擔心，因為這項評估的結果會影響到你能否保住飯碗、有沒有機會升遷，甚至影響你的退休金。你可能會變得非常失望、焦慮和憤怒。然而你不應該找主管討論自己多麼憤怒，如果你用下列方式與主管溝通，結果會更有建設性：「我一直在等待我的工作績效評估，因為我不確定評估的結果。」如果你的主管回答：「喔，很抱歉，我會盡快回覆你。」你可以接著回答：「那麼，我什麼時候可以收到評估結果？」

3. **當你對別人生氣時，請指明哪些具體行為會影響生產力**。比方說，你部門中的某位同事遲到，讓你覺得惱怒，但你不應該批評他經常遲到，而應該告訴對方：「每次你遲到，別人就必須暫時放下自己手邊的工作來頂替你。」其他的例子還包括：「我認為你說的那些話，會讓我們無法集思廣益討論這個案子。」或者「你在會議中所說的話，嚴重打擊了同事的士氣。」

4. **請注意：某些話語可能會激怒別人**。避免對人說他們「一定」或「必須」做某些事，尤其在憤怒的時候。相反的，你可以與他們分享你的期待，並詢問他們是否願意實現你這些期待。你可以在指明自己的期待時，順便與他們分享無法達成時可能會有什麼後果。

5. **以正念檢視自己的期待在職場是否符合現實**。我們會依據自己的渴望而對職場產生許多期待，其中有一些可能與你的財務穩定或情緒安定有關，有一些可能與工作挑戰或創意發展的機會有關。我們也可能會對公司、主管或同事應該與我們如何互動抱持特定的期待。請以正念理解：有一些期待可能會得到滿足，有一些期待可能會受到考驗，還有一些期待可能永遠無法得到滿足。

就算你在工作方面表現出色，仍可能永遠無法得到你希冀的升遷，因為不幸的是，還有其他因素也可能會涉及主管的選擇——其中有一些你可能認為完全無關。或者，如果你服務的公司突然宣布要與另一家合併時，你原本對工作穩定的渴望可能就會受到嚴重的挑戰。除此之外，如果你渴望經常與同事往來互動，但你工作場所的文化並不鼓勵這種行為時，你可能會因此感到失望。

請記得，**提醒自己「擁有選擇權」是一種免於自認為「受害者」的有力方式，而「感覺自己受害」則是動怒的關鍵要素。**請你專注於自己願意在職場上繼續服務的原因，這麼做並非否認或忽視你對職場的不滿，而是要你考量這份工作有哪些優點。思考優點，是讓自己抱持宏觀角度看待事情的方法。當然，如果你覺得自己對這份工作的不滿遠遠超過這些優點，或許就必須下定決心另謀他職。

近幾年來，職場文化有很大的變化，因此你對職場的期待也要有一點彈性。自我慈悲與對慈悲待人，都是這種彈性的基礎。

6. **試著辨識你對職場的期待和判斷，有哪些與你在私生活中的期待和判斷相似。**請以正念留意，在親密關係中的習慣會表現在職場中，包括你對競爭或權力的感知、對過往傷害或不受信任的感覺、與手足的對立心態，或者對男性和女性的態度。我們不難理解，職場常是表露出這些習慣的地點，畢竟那是你每天要花一整天的時間，與同一群人互動的地方。

請以正念留意：你可能會在有意識或缺乏充分意識的情況下聯想到自己以前認識的人。這種回想可能有好有壞，取決於你從前和那些人之間的關係。同樣的，請以正念面對那些從你童年或家庭生活經驗所產生的期待，那些期待可能會導致你易於受到「情緒地雷」的影響。

工作會考驗你自我慈悲以及慈悲待人的能力，這兩者可以培養有益憤怒，也是生產力的重要元素。

7. **對於與你共事的人進行慈悲冥想**。我們的渴望、期待、感受，以及對於與人連結、安全感、健康和快樂的需求，在上班時間並不會停止。請盡量一整天都留意這些感受，並且對同事練習正念冥想，以正念展現具備慈悲心的日常互動。

在衝突中，以下是可以做的慈悲行動

如果我們容易發怒，與他人的各種互動都可能會讓我們感受到威脅。這經常是因為對方的行為不符合我們的期待。「衝突」的定義，是一方認為自己的利益遭到另一方反對，或者受到另一方的負面影響。比方說，你對於管教子女的想法，可能比你配偶的想法更專制，你可能也會因為體育賽事、宗教信仰或政治問題與朋友爭吵，或者和鄰居爭論兩家院子之間的灌木圍籬高度。你可能會與同事或陌生人發生衝突，例如商店店員、餐廳服務生、快遞送貨員或雜貨店老闆。

這些遭遇都能提供你以正念練習慈悲的機會。你可以在這樣的機會下檢視人們在其不同渴望背景下的行為與態度，以及他們對威脅的感受程度。

練習慈悲待人，有賴我們保持正念，尤其是在衝突發生的時刻。這麼做可能需要與別人妥協，並且將焦點放在對我們真正重要的大格局上。以下是幾點建議。

你可以選擇承認自己的錯誤

如果我們能夠坦承自己的錯誤或弱點，就比較不容易感受威脅。自我慈悲可以幫助我們做到這一點。

道歉可以減少別人受威脅的感覺。道歉包含自我慈悲以及慈悲待人。我某些客戶的例子可以說明這一點：一位客戶向他的鄰居承認自己誤解了對方的話語，另一位客戶在發生擦撞車禍時主動負起責任，還有一位客戶在遭受朋友批評時表示：「你說得沒錯。」

在衝突過程中，你的考驗在於喚醒慈悲的自己來處理你的感受，並且以具建設性的方式表達自己。除此之外，你還要專注於你與他人共通的天性。

在作家波・布朗森（Po Bronson）廣受歡迎的著作《我為什麼喜歡這些人？》（*Why Do I Love These People?*）中探討許多家庭衝突發生的原因，以及如何解決這些衝突[6]。其中一個例子是某對夫婦在妻子發現丈夫外遇後離婚，那個男人感到非常懊悔，也相當沮喪。他試圖挽回妻子，除了寫信、打電話，還買花送給妻子，卻已經無法重新點燃對方的愛火。他花了整整一年的時間，每個星期到妻子家修剪草坪，持續表達自己沒有放棄彼此的關係，也表明自己絕對不會離開。他的堅決最後終於得到回報，在離婚滿一年後不久，他們再次結婚。這說明了慈悲的行動可以有許多種形式。

你可以放掉權力

放掉權力是以慈悲心減少衝突的一種方式，無論在伴侶關係中或者面對陌生人的時候。事實上，根據某項針對數百對伴侶所做的研究結果表示，放掉權力可能比道歉更重要[7]。放掉權力所展現的行為，效用由高至低，分別如下所示：

- **顯示誠意：用言語和行動表明解決衝突的重要性。**
- **停止敵對的行為：以正念留意雙方所說的話語、非言語的行為，以及具有侵略性或不**

友善的舉動。

- 盡量溝通：持續與對方說話。
- 表達你的情感。
- 道歉。

表達你的情感對陌生人而言可能沒有必要，但上述行為都表明了我們在衝突中可以藉著慈悲的自我去了解對方。

透過你使用的憤怒形成結構，你可以先從自己受到什麼影響做為開端，向對方表達歉意，然後認清自己的行為如何造成對方強大的影響。以下是你可以使用的幾個例句：

「我很抱歉說話這麼大聲。你說的沒錯，我想我感覺自己被批判了。」

「我當時沒有考慮到你需要什麼，我以後會試著了解你的需求。」

「我很抱歉批評你所說的話。你不應該受到這樣的對待。將來我提供你意見時，會更小心謹慎。」

「我很抱歉一開始沒有聆聽你的想法。我當時沒有考量到你的感受。從現在開始，我會多多傾聽你的意見。」

真正的道歉包涵了**接受責任**、**不責怪他人**、**努力改善情況**，並且**對自己造成的傷害、威脅或忽視**，**表達同理心**。我們必須表明自己下一次將更加謹慎，以及堅持到底的意願，尤其是還想維繫彼此關係的時候。

你可以試著給予

喚醒你慈悲的自我。細細品嘗給予別人慈悲的時刻——無論是交給某人錢、捐款給慈善機構，或者讚美別人。以充分的正念感受給予的滿足及對方的感謝。當你讚美別人時，請記得讚美對方獨特的優點，而非外表，如此一來可幫助別人珍視自己的價值，而不是外表。

提供你認為對別人有助益的訊息，是另一種表達慈悲的方式。無論為觀光客指點方向、提供孩子建議、協助你的配偶，或者與同事互動，都能讓你體驗、練習到自我慈悲與慈悲待人。

多對別人說些鼓勵的話語。畢竟，你自己也清楚受到鼓勵的感覺很好。請記住：如果可能，鼓勵別人永遠比打擊別人更有幫助。

寬恕亦是給予的其中一種形式，尤其是在你將寬恕說出口的時候。接受別人道歉，就如同幫助對方紓解苦痛。寬恕與我們思緒中多種面向的慈悲及自我慈悲有關，有時候與我們行動中的慈悲及自我慈悲有關。如第十二章所述，寬恕有賴各種可幫助你釋放怨恨的自我慈悲練習。

你可以抱持正念，不隨意批判

前一章建議你注意自己在思緒中對別人與自己形成的批判，因為多了解自己為什麼批判會有好處。下列問題應該對你有所幫助：

1. 你批判別人的目的是什麼？
2. 你是否在某方面感受到威脅，因此才批判別人？
3. 你的批判與憤怒有關嗎？抑或只是因為心中尚有失望與挫折感？
4. 批判能協助你產生權力感嗎？
5. 當你對某人感到憤怒時，會不會因此就找個人來加以批判？
6. 你應該如何修正自己的評論或思維，以避免流於批判？
7. 你應該如何改變自己的非言語表現以避免傳達批判？例如你說話的語調、臉部表情，或肢體動作？

仔細考量這些問題的答案之後，你可能就會下定決心停止批判，甚至向別人致歉。

你可以以正念留意每天進行慈悲練習的機會

我們每天有很多機會可以練習慈悲待人，這麼做需要我們以正念留意自己是否鎖定目標及自我專注。如果我們不夠專注，將會影響我們對別人表達慈悲。我並非建議你在自己不夠專注的情況下放棄對別人慈悲以待，而是希望大家在對別人表達慈悲時能記得以正念留意自己是否專注。

對別人行善是一種表達深度慈悲的方式，這種行為包括幫助生病的鄰居、自願參與我們重視的事業、幫助比我們不幸的人、帶領政治相關活動，或者為了有價值的事情籌集基金。

請嘗試以下方法：

- 對別人表達同理心，並且讓對方知悉你的關懷之意。你可能不確定自己應該說些什麼才恰當，但總之這是好的開始。
- 以開放的態度看待他人的觀點，並接納對方期望自身觀點被人認可的想法，即使對方與你的觀點並不相同。
- 請注意：你的內在對話可能會顯示你正處於競爭模式，而非慈悲模式。
- 請多說「謝謝」。找機會藉著言語和行動表達你的感激之情。

- 多幫助別人。
- 多對別人微笑。這樣做可以對別人表達慈悲，還能讓你產生正面心態。就算你一時之間想不到可以微笑的理由，但還是要露出微笑。不然就花一點時間思考一下，想到之後再微笑。
- 發揮幽默感，尤其是能讓你認清每個人的共通天性，且讓你放下批判態度的幽默感。
- 以正念注意對方是否想要你的慈悲。請記得：儘管你希望培養自我慈悲和對他人的慈悲心，但並非每個人都能夠自在地接受慈悲。
- 在所面臨的狀況中，無論你身為父母、主管、同事、朋友、鄰居或一介公民，都必須鼓起勇氣培養新的慈悲習慣。
- 注意威脅系統，包括你自己的威脅系統，和對方的威脅系統。
- 多多讚美別人。

進一步練習 辨識良善的行為

美國正向心理學運動之父馬汀．塞利格曼提出以下練習，可大幅提升你對別人的慈悲[8]：

請指出一項你能夠為別人做到而且出人意料的善舉，並且付諸實行。這件事可以是你隨意表達良善的行為。當你做這件事的時候，請以正念注意自己身體的感知，以及這件事對你心情的影響。

本章的練習將幫助你和他人之間產生安全感與連結感，並且降低威脅。當你感知這一點時，就會變得充實且快樂。是的，我們都需要依靠別人。是的，不要忘記每個人都想得到快樂與滿足。無論你每天針對一個人進行練習，或是每星期針對好幾個人進行練習，請提醒自己：每次練習都是讓你充滿慈悲心的機會。透過這種練習，你將認識到自己和他人共通的天性，並且幫助自己與別人愈來愈投入有益憤怒的練習。

進一步思考

1. 請回想你最近與朋友或伴侶發生衝突時無法自信溝通的經歷。回顧本章的「自信模式」，指出你應該如何自信地表達自己的想法。
2. 如果你有伴侶，你在練習和伴侶針對爭吵事先約法三章時，主要遇上哪些考驗？你要怎麼做才能克服這些考驗？

3. 回想你在職場上發生的衝突。請想出一種自信的回應，以同時表達你的期待與你的結論。
4. 提醒自己：自信的溝通一開始可能會讓你覺得不舒服，尤其在你經驗不足的時候。其他人可能也需要一些時間來習慣你全新的溝通方式。
5. 請在下個星期開始勇敢表現慈悲的行為，並且細細品嘗這種體驗。
6. 請在下個星期找出一些人與人之間表現慈悲的例子，並且在觀察的時候反思自己的想法與感受。
7. 請找出可能干擾你練習慈悲待人的各種考驗。

注解

1 R. Alberti and M. Emmons, *Your Perfect Right: Assertiveness and Equality in Your Life and Relationships*, 9th ed. (Atascadero, CA: Impact, 2008).

2 A. Gordon and S. Chen, "The Role of Sleep in Interpersonal Conflict," at http://spp.sagepub.com/content/early/2013/05/13/1948550613488952.abstract.

3 B. L. Fredrickson, *Love 2.0: Creating Happiness and Health in Moments of Connection* (New York: Penguin,

2013), 17. 中文版：《愛是正能量，不練習，會消失！：愛到底是什麼？為何產生？怎樣練習？如何持續？》，芭芭拉・佛列德里克森著，蕭瀟譯，橡實文化，二〇一五年出版。

4 J. Gottman and N. Silver, *The Seven Principles for Making Marriage Work* (New York: Crown, 1999). 中文版：《七個讓愛延續的方法：兩個人幸福過一生的關鍵秘訣》，約翰・高曼、妮安・希維爾著，陳謙宜、沈碁恕譯，遠流，二〇一六年出版。

5 D. Goleman, *Social Intelligence* (New York: Bantam, 2006). 中文版同第七章第五條注釋。

6 P. Bronson, *Why Do I Love These People?* (New York: Random House, 2005).

7 T. Goodrich, Baylor Media Communications, "What Warring Couples Want: Power, Not Apologies, Baylor Study Shows," July 8, 2013, at www.baylor.edu/mediacommunications/news.php?action=story&story=131229.

8 M. Seligman, *Flourish* (New York: Atria, 2013), 21. 中文版：《邁向圓滿：掌握幸福的科學方法&練習計畫》，馬汀・塞利格曼著，洪蘭譯，遠流，二〇一二年出版。

第十四章
開始投入有益憤怒的練習

最後，十九項終極指南

本書的最後一章，將進一步提供你**自我覺察**、**正念練習**、**自我慈悲**的實踐方法，幫助你落實有益的憤怒。

1. **寫下你練習有益憤怒的理由**。這麼做有助你下定決心，選擇依照這本書闡述的方法過生活，並且更清楚明白這些方法能如何幫助你。你的理由應特別說明下列事項：
   a. 為什麼這個理由很重要？
   b. 你希望達到什麼成果？

c.你的人生會因此有什麼不同？

2.**確認短期目標與長期目標**。請先訂定短期目標，以幫助你一步一步達成長期目標。你可以先從正念呼吸開始，接著撰寫憤怒日誌，然後再逐漸增加練習的項目。

3.**在日常作息中安排特定時間進行練習**。每天在固定時間練習與冥想，把這些活動納入生活中的既定行程。如此一來，它們就能融入你的生活，而非是你必須特別撥時間從事的練習。

4.**準備一些你看得到的提醒物**。使用便利貼、照片、海報或設定電腦的提醒功能，幫助你進行正念練習。再三提醒自己這本書所提供的各種方法，將可幫助你強化投入練習的決心。

5.**對於結果要有務實的期待**。不要預期自己能進步神速，因為你需要時間吸收這本書的內容，才能使其成為你的日常生活習慣。另外，在你決定每天花多少時間練習時，也務必考量實際上的可行性。

6.**經常寫憤怒日誌**。要發展有益的憤怒，必須仰賴以正念及自我慈悲看待你的內在感知。經常填寫憤怒日誌，是既有用又有效的方法。

7.**透過正念，告訴自己所有的感覺與思緒都只是暫時的**。這是正念練習的關鍵，也是發展有益憤怒不可或缺的要素。

8. **在練習過程中，你仍可能會發怒**。有益的憤怒是指生氣的頻率減少、強度降低、時間縮短。然而，要達到這些目標，必須釋放掉緊繃的情緒。別忘了：你之所以輕易發怒，其實是為了保護自己，不讓自己受到傷害。

9. **欣賞自己進步的過程**。在過程中留意自己進步的小細節，並以正念記錄下自己練習過的有益憤怒方法：

a. 你是否隨時觀察自己的期望，並在適當時機加以調整？

b. 你在表達自己的渴望與需求時是否變得更加肯定？

c. 你能不能思考其他可幫助你減少快速發怒的方法？

d. 你能不能迅速以正念看待自己的身體、感受、自我對談或腦中的影像？

e. 你是否已經提升與自身感知共處的能力？

試著每天晚上撰寫日記，記錄自己白天時做了哪些事，以展現自己希望達到有益憤怒的決心。記得要具體描述細節。

10. **問問自己如何做到自我慈悲**。積極找出自我慈悲的練習方法，而非被動等待給予自己慈悲的機會。請務必記住這一點，將自我慈悲變成你生活中不可或缺的一部分。

11. **問問自己如何慈悲待人**。積極找出慈悲待人的方法，而非被動等待機會。請務必記住這一點，將慈悲待人變成你生活中不可或缺的一部分。

12. **就算無法達成目標，也要以正念產生自我慈悲**。倘若愈陷入自我批判的情緒，愈可能放棄這本書介紹的各種方法。自我批判只會讓你貶抑自己的價值，甚至令你覺得羞愧。無法達成目標時，批評的聲音對你而言沒有任何幫助——無論是別人對你的批評，或者你對自己的批評。請以正念鼓勵自己，透過自我對談來表達自我慈悲。

13. **就算遇上考驗，仍要努力不懈**。在培養新習慣的過程中總會遭遇一些阻礙，記得在面對困境時仍保持正念。

14. **偶爾疏於練習不會影響進步**。許多研究結果顯示，偶爾未能按照計畫練習，對成果並不會有持續性的影響。倘若你在疏於練習時不忘保持自我慈悲，就更不用擔心練習進展受阻。

15. **以正念看待阻撓你進步的各種障礙**。在練習有益的憤怒時，如果遇上考驗，阻礙你自我慈悲或慈悲待人時，記得保持正念，透過自我慈悲來釋放阻擋你進步的負面想法與不適感。

16. **尋求幫助**。你將會發現：與別人討論你的意向及進展，會對你有所幫助。最理想的狀況，是覓得與你抱持同樣目標的人，彼此鼓勵。不妨考慮和你的朋友、伴侶或諮商師分享。

17. **如果你有交往對象，請將你練習的意向與進度告訴你的伴侶**。告訴對方關於練習的各項細節，如此才能幫助對方更容易感知你的需求、渴望及期待。你的伴侶將會因此明瞭你想中止對話的理由，並明白你為什麼需要花時間練習。當然，如果你的伴侶能與你一起閱讀這本書，對一切將會更有助益。

18. **找出可能影響你判斷力的因素**。任何會干擾你判斷力的事物，都可能影響你練習本書提供的各種方法。干擾因素包括酒精或藥物成癮，或者是情緒失控、注意力不集中、創傷後壓力症候群、人格障礙等精神問題。倘若你有上述疾病，我強烈建議你務必在練習本書的各種方法之際，尋求專業的治療。假若你目前正在接受精神治療，請告知諮商師你正在進行有益憤怒的練習。

19. **透過自律以獲得自由**。投入長期目標，必須有所犧牲。當你的感性大腦為了追求歡愉、逃避不適而強迫你專注短期目標時，請記得以正念來面對。然而，如果你想更自由地達到所追求的自我，就必須靠自律來實現。如果你想落實自己的各項努力，也必須倚重自律。要克服有害的憤怒，以及擁抱全新的人生，都需要靠自律。

參考資料

實用網站

以下網站提供多種正念及自我慈悲之練習和資訊。你可多練習幾項，以確定自己適合哪一種。

憤怒情緒相關資訊

- 美國心理學協會（American Psychological Association）www.apa.org/topics/anger/control.aspx
- 憤怒管理技巧（Anger Management Techniques）www.anger-management-techniques.org/index.htm
- 憤怒求助指南（Helpguide.org）www.helpguide.org/mental/anger_management_control_tips_techniques.htm

正念冥想相關資訊

- 「頭腦空間」應用程式（Headspace）www.headspace.com
  這個應用程式可透過iTunes取得，提供進行冥想的指引，著重於焦慮、創造力及人際關係等各種不同問題。
- iTunes上的冥想工具 www.apple.com/itunes 從iTunes能找到各式各樣與正念冥想相關的MP3，包括喬・卡巴金、馬克・威廉斯（Mark Williams）、丹尼爾・高曼等長年推廣正念的心理學家所製作的品項。
- 麻薩諸塞大學醫學院醫藥保健社會正念中心（University of Massachusetts Medical School, Center for Mindfulness in Medicine, Health Care, and Society）www.umassmed.edu/cfm/index.aspx
  這裡有喬・卡巴金親授的正念冥想課程。

自我慈悲相關資訊

- 愛與寬恕活動（The Campaign for Love and Forgiveness）http://loveandforgive.org/loveandforgive/home
  這個網站上找得到「寬恕計畫」的相關活動資訊。
- 正念自我慈悲中心（Center for Mindful Self-Compassion）http://centerformsc.org
  這個網站提供協助提升自我慈悲的各種參考資訊。
- 慈悲計畫連署（Charter for Compassion）http://charterforcompassion.org
  這個網站提供幫助提升慈悲的活動連署，也召集願意成為合作夥伴的相關單位。
- 費策研究院（Fetzer Institute）http://fetzer.org
  這個網站提供美國全國與愛、寬恕、同情有關的各類訊息。
- 廣泛善行科學中心（The Greater Good Science Center）http://greatergood.berkeley.edu
  本網站聚焦於賦予生活意義的科學，提供與感恩、利他、慈悲、同理心、寬恕、快樂、正念等有關議題之文章、講座、資訊。
- 正念自我慈悲（Mindful Self- Compassion）http://mindfulselfcompassion.org
  這個網站由心理學家克里斯多夫．傑墨爾主持，提供正念和自我慈悲的練習、出版物等資訊。
- 瑞克．韓森博士談快樂、愛與智慧（Rick Hanson, PhD: Resources for Happiness, Love, and Wisdom）www.rickhanson.net/event/natural-contentment
  心理學家、暢銷書作家瑞克．韓森博士在這個網站提供自我慈悲與自我滿足的相關冥想練習。
- 「教你擁有同理心」網站（teaching-empathy）www.scoop.it/t/teaching-empathy
  這個網站提供文章，協助人們培養同理心與慈悲心。

- 「自我慈悲」網站（Self- Compassion）http://selfcompassion.org
  這是克莉絲汀・聶夫的網站，提供關於自我慈悲的見解、練習及各種參考資料。
- 自我慈悲計畫（The Self- Compassionate Project）http://theselfcompassionproject.com
  這個網站提供各種培育自我慈悲的重要知識。

推薦讀物

- Beck, Aaron T. *Prisoners of Hate: The Cognitive Basis of Anger, Hostility and Violence.* New York: HarperCollins, 1999.
- Brach, Tara. Radical Acceptance: *Embracing Your Life with the Heart of a Buddha.* New York: Bantam, 2003. 中文版：《全然接受這樣的我》，塔拉・布萊克著，江翰雯譯，橡樹林，二〇〇六年出版。
- Davidson, Richard J., with Sharon Begley. *The Emotional Life of Your Brain.* New York: Plume, 2013. 中文版：《情緒大腦的祕密檔案：從探索情緒形態到實踐正念冥想》，理查・戴維森、夏倫・貝格利著，洪蘭譯，遠流，二〇一三年出版。
- Enright, Robert D. *The Forgiving Life.* Washington, DC: American Psychological Association, 2012.
- Epstein, Mark. *Going on Being: Buddhism and the Way of Change.* New York: Basic Books, 2001.
- Hanson, Rick. *Just One Thing: Developing a Buddha Brain One Simple Practice at a Time.* Oakland, CA: New Harbinger, 2011. 中文版：《簡單的事持續做就不簡單：改變心念、發現美好，培養佛陀智慧的修鍊書》，瑞克・韓森著，盧郁心譯，臉譜，二〇一二年出版。
- Hanson, Rick, and Richard Mendius. *Buddha's Brain: The Practical Neuroscience of Happiness, Love and Wisdom.* Oakland, CA: New Harbinger, 2009. 中文版：《像佛陀一樣快樂：愛和智慧的大腦奧祕》，瑞克・韓森、理查・曼度斯著，雷叔雲譯，心靈工坊，二〇一一年出版。

- Harbin, Thomas. *Beyond Anger: A Guide for Men: How to Free Yourself from the Grip of Anger and Get More out of Life.* Cambridge, MA: DaCapo Press, 2000.
- Kabat- Zinn, Jon. *Coming to Our Senses: Healing Ourselves and the World through Mindfulness Meditation.* New York: Hyperion, 2005. 中文版：《正念的感官覺醒》，喬．卡巴金著，丁凡、江孟蓉、李佳陵、黃淑錦、楊琇玲譯，溫宗堃、陳德中審閱，張老師文化，二〇一四年出版。
- Kabat- Zinn, Jon. *Mindfulness for Beginners.* Boulder, CO: Sounds True, 2006. 中文版：《正念減壓初學者手冊》，喬．卡巴金著，陳德中、溫宗堃譯，張老師文化，二〇一三年出版。
- Kabat- Zinn, Jon. *Wherever You Go There You Are: Mindfulness Meditation in Everyday Life.* New York: Hyperion, 1994. 中文版：《當下，繁花盛開》，喬．卡巴金著，雷叔雲譯，心靈工坊，二〇〇八年出版。
- Kundtz, David. *Quiet Mind: One Minute Retreats from a Busy World.* San Francisco: Canari Press, 2000.
- Lerner, Harriet. *The Dance of Anger.* New York: Perennial Currents, 2005. 中文版：《生氣的藝術：運用憤怒改善女性的親密關係》，哈莉葉．列納著，羅竹茜譯，遠流，一九九六年出版。
- Lyubomirsky, Sonja. *The How of Happiness.* New York: Penguin, 2007. 中文版：《這一生的幸福計劃：快樂也可以被管理，正向心理學權威讓你生活更快樂的十二個提案》，索妮亞．柳波莫斯基著，謝明宗譯，久石文化，二〇一四年出版。
- Mackenzie, Mary. *Peaceful Living.* Encinitas, CA: Puddle Dancer, 2005.
- McKay, Matthew, and Peter Rogers. *The Anger Control Workbook.* Oakland, CA: New Harbinger, 2000.
- Robinson, Joe. *Don't Miss Your Life.* Hoboken, NJ: John Wiley, 2011.
- Rubin, Theodore. *Compassion and Self-Hate.* New York: Touchstone, 1975.
- Seligman, Martin E. P. *Authentic Happiness.* New York: Free Press, 2002. 中文版：《真實的快樂》，馬汀．塞利格曼著，洪蘭譯，遠流，二〇〇九年出版。

- Seligman, Martin. *Flourish.* New York: Atria (Simon and Schuster), 2011. 中文版：《邁向圓滿：掌握幸福的科學方法&練習計畫》，馬汀・塞利格曼著，洪蘭譯，遠流，二〇一二年出版。
- Seligman, Martin. *Learned Optimism: How to Change Your Mind and Life.* New York: Vintage, 2011 (reprint). 中文版：《學習樂觀・樂觀學習》，馬汀・塞利格曼著，洪蘭譯，遠流，二〇〇九年出版。
- Shapiro, Ed, and Deb Shapiro. *Be the Change: How Meditation Can Transform You and the World.* New York: Sterling, 2009.
- Tafrate, Raymond C., and Howard Kassinove. *Anger Management for Everyone.* Atascadero, CA: Impact, 2009. 中文版：《不抓狂的管理術：7招讓你成為職場大紅人》，雷蒙・奇普・塔弗瑞、哈維・凱西諾夫著，張國儀譯，經濟日報，二〇一一年出版。
- Teasedale, John, Mark Williams, and Zindel Segal. *The Mindful Way Workbook: An 8-Week Program to Free Yourself from Depression and Emotional Distress.* New York: Guilford Press, 2014. 中文版：《八週正念練習：走出憂鬱與情緒風暴》，約翰・蒂斯岱、馬克・威廉斯、辛德・西格爾著，石世明譯，張老師文化，二〇一六年出版。
- Thich Nhat Hanh. *Anger: Wisdom for Cooling the Flames.* New York: Riverhead Trade, 2002. 中文版：《一行禪師 你可以不生氣：佛陀的最佳情緒處方》，一行禪師著，游欣慈譯，橡樹林，二〇一八年出版。

相關電影

以下幾部電影剛好都深刻描寫了學習面對憤怒情緒的複雜角色。

《美國X檔案》（*American History X*, 1998）

《更好的世界》（*In a Better World*, 2010）

《衝擊之路》（*Reservation Road*, 2007）

《十二怒漢》（*Twelve Angry Men*, 1957）

RG8025

憤怒療癒力

每一次失控都隱藏著被忽略的傷痛，透過三大覺察練習走出情緒黑洞，和更好的自己相遇

•原著書名：*Overcoming Destructive Anger: Strategies That Work*•作者：伯納・高登（Bernard Golden）•翻譯：李斯毅•美術設計：莊謹銘•責任編輯：徐凡•國際版權：吳玲緯•行銷：蘇莞婷、黃俊傑•業務：李再星、陳紫晴、陳美燕、馮逸華•副總編輯：巫維珍•編輯總監：劉麗真•總經理：陳逸瑛•發行人：涂玉雲•出版社：麥田出版／城邦文化事業股份有限公司／104台北市中山區民生東路二段141號5樓／電話：(02) 25007696／傳真：(02) 25001966、發行：英屬蓋曼群島商家庭傳媒股份有限公司城邦分公司／台北市中山區民生東路二段141號11樓／書虫客戶服務專線：(02) 25007718 ; 25007719／24小時傳真服務：(02) 25001990 ; 25001991／讀者服務信箱：service@readingclub.com.tw／劃撥帳號：19863813／戶名：書虫股份有限公司•香港發行所：城邦（香港）出版集團有限公司／香港灣仔駱克道東超商業中心1樓／電話：(852) 25086231／傳真：(852) 25789337•馬新發行所／城邦（馬新）出版集團【Cite(M) Sdn. Bhd. (458372U)】／41-3, Jalan Radin Anum, Bandar Baru Sri Petaling, 57000 Kuala Lumpur, Malaysia.／電話：+603-9056-3833／傳真：+603-9057-6622／E-mail：services@cite.my•印刷：前進彩藝有限公司•2018年5月初版•2020年2月初版2刷•定價360元

國家圖書館出版品預行編目資料

憤怒療癒力：每一次失控都隱藏著被忽略的傷痛，透過三大覺察練習走出情緒黑洞，和更好的自己相遇／伯納・高登（Bernard Golden）著. -- 初版. -- 臺北市：麥田出版：家庭傳媒城邦分公司發行,
2018.05
面；　公分. --（不歸類；RG8025）
譯自：Overcoming Destructive Anger: Strategies That Work
ISBN 978-986-344-550-0（平裝）
1. 憤怒　2. 情緒管理　3. 生活指導
176.56　　107004012

城邦讀書花園
www.cite.com.tw